ABREVIATIONS ET BIBLIOGRAPHIE SOMMAIRE

Best. D   Précède un numéro de lettre dans l'édition dite définitive
                 de la correspondance de Voltaire: *Correspondence and
                 Related Documents* = vols. 85-134 des *Complete Works of
                 Voltaire*, éditées par Th. Besterman, Genève et Oxford,
                 1968-1976.

Best.
Voltaire   Th. Besterman, *Voltaire*, 3eme édition, Londres, 1976.

Boivin   H. Boivin, 'Les Dossiers de l'abbé Desfontaines aux
                 archives de la Bastille (1724-1744)', *RHLF*, 1907, pp.55-73.

Pr.E.DF.   La *Préface* de *L'Esprit* de l'abbé *Desfontaines, ou
                 réflexions sur différents genres de science et de
                 littérature*, anthologie éditée par l'abbé Joseph de la
                 Porte, Londres, 1757, 4 volumes. La *Préface*, qui occupe
                 les pages i-xlv du premier volume, est peut-être de C.M.
                 Giraud (voir Morris, p.376).

M.   *OEuvres complètes de Voltaire*, Paris, 1877-1885 (éditées
                 par L. Moland).

Morris   Thelma Morris, *L'Abbé Desfontaines et son rôle dans la
                 littérature de son temps*, *Studies on Voltaire*, vol.XIX,
                 1961.

Nisard   Ch. Nisard, *Les Ennemis de Voltaire. L'abbé Desfontaines,
                 Fréron, La Beaumelle*, Paris, 1853. (La section de cet
                 ouvrage consacrée à Desfontaines occupe les pages 1-168).

Observations   P.F.G. Desfontaines et autres, *Observations sur les
                 écrits modernes*, Paris, Chaubert, 1735-1742, 31 volumes.

Le Préservatif   [Voltaire], *Le Préservatif, ou critique des Observations
                 sur les écrits modernes*, A La Haye, Chez J. Neaulme, 1738.
                 Mes références à cet ouvrage se rapporteront aussi à
                 l'édition Moland, où il se trouve au t.XX, pp.371-387.

Ravaisson   Fr. Ravaisson, *Archives de la Bastille. Documents
                 inédits recueillis et publiés par François Ravaisson*,
                 Paris, 1866-1904, 19 vols., t.XII (1881).

OBSERVATIONS

SUR LES

ECRITS MODERNES.

TOME PREMIER.

A PARIS,

Chez CHAUBERT, à l'entrée du Quay
des Augustins, du côté du Pont S. Michel,
à la Renommée & à la Prudence.

M. DCC. XXXV.

Avec Privilege & Approbation.

Page de titre du premier
volume des *Observations sur
les écrits modernes* de Desfontaines (Voltaire Room,
Oxford)

Pierre François Guyot DESFONTAINES

LA VOLTAIROMANIE

Edition critique

par

M. H. Waddicor

University of Exeter
1983

Je voudrais remercier tous ceux qui m'ont
aidé dans la préparation de ce texte: notamment,
M. le Professeur H.T. Mason, de l'Université de
Bristol, M. le Professeur W.H. Barber et M. le
Professeur O.R. Taylor, de l'Université de
Londres, Mademoiselle E. Carayol, de l'Institut
d'Etudes Politiques, à Paris, M. R. Waller, de
l'Université de Liverpool, Madame N. Perry, de
l'Université d'Exeter, M. J.D. Biard et M. le
Professeur R. Niklaus, de la même université.
Je tiens aussi à exprimer ma reconnaissance
envers l'Université d'Exeter, qui a généreusement
subventionné mes recherches; envers la Bibliothèque Nationale, qui m'a gracieusement autorisé
à reproduire le cliché qui sert de frontispice
à cette édition, celui qui se trouve à la p.XLIII,
et les clichés des pages de titre du *Préservatif*
et de la première édition de *La Voltairomanie*; et
envers M. G. Barber, bibliothécaire de la Taylor
Institution à Oxford, qui m'a autorisé à reproduire
les pages de titre de la seconde édition de *La
Voltairomanie*, et des *Observations*.

ISSN 0309-6998
ISBN 0 85989 149 6

October 1983

Printed and bound by A. Wheaton & Co., Ltd., Exeter

TEXTES LITTERAIRES

Collection dirigée par Keith Cameron

L

LA VOLTAIROMANIE

PETR. FR. GUYOT DESFONTAINES PRÆSB. ROTHOMAG.

Dum te Phœbus amat scribentem Mævius odit,
Et lepidis salibus mœret inepta Cohers.

PORTRAIT DE DESFONTAINES

Gravure par Schmidt d'après Tocqué[*]

(Bibliothèque Nationale: Cabinet des Estampes)

[*]Louis Tocqué fit ce portrait en 1742: E. Bénézit, *Dictionnaire critique et documentaire des peintres* ..., nouvelle éd., Paris, 1976, vol.X, p.208).

INTRODUCTION

Le 2 mai 1725, Desfontaines fut emprisonné à Bicêtre(1) pour une affaire de moeurs, et demanda par lettre l'aide de plusieurs personnes, y compris Voltaire, qui lui avait déjà rendu quelques services. Celui-ci dit s'être évertué pour assurer la mise en liberté de l'abbé en allant solliciter, quoique malade, 'quelques amis très-puissants' qu'il avait alors (Best. D 1147 = *Préservatif*, XXVI, p.41, M., p.386). On verra plus tard si ces sollicitations furent efficaces; toujours est-il que, à la fin du mois de mai, Desfontaines reçut la permission de sortir de Bicêtre, à condition qu'il se retirerait à la campagne, à La Rivière-Bourdet près de Rouen, chez le marquis de Bernières. Bientôt on lui permit de revenir à Paris. Fit-il ou ne fit-il pas, soit avant son emprisonnement, soit à Bicêtre, soit à La Rivière-Bourdet, un libelle contre Voltaire? En tout cas il écrivit à Voltaire le 31 mai pour le remercier, en termes chaleureux, d'avoir assuré sa libération:

> Je n'oublierai jamais, monsieur, les obligations infinies que je vous ai. Votre bon coeur est encore bien au dessus de votre esprit, et vous êtes l'ami le plus essentiel qui ait jamais été (Best. D 235).

Passons maintenant à l'année 1738. Dans un pamphlet anonyme, mais qui est sûrement de Voltaire, *Le Préservatif*, qui parut en l'automne de 1738 (je reviendrai sur la question de l'attribution du *Préservatif*, et de la date de sa parution), Desfontaines est présenté au lecteur comme un critique ignorant et sot, et comme un homme présomptueux et ingrat; dans sa correspondance privée de la même époque, Voltaire le traite franchement de 'monstre' (Best. D 1665, Voltaire à Thieriot, 24 [novembre 1738]). Dans *La Voltairomanie* - sa réponse au *Préservatif* - Desfontaines décrit Voltaire comme

> un Ecrivain téméraire, pour qui ni les moeurs, ni la bienséance, ni l'humanité, ni la vérité, ni la Réligion n'ont jamais eu rien de sacré (*La Voltairomanie*, 11.16-18).

Comment les choses en étaient-elles venues à ce point où deux hommes de lettres, liés, en 1725, d'un côté par la générosité, de l'autre par la gratitude, et par un goût commun pour l'étude, s'insultaient publiquement en 1738? C'est ce que je vais tâcher d'éclaircir dans les pages suivantes, par un bref examen de la vie de Desfontaines et de ses

----

(1) Bicêtre: cet établissement, situé dans le village du même nom, à 2 kilomètres du centre de Paris et près de l'actuelle Porte d'Italie, servait depuis la seconde moitié du XVIIe siècle d'hôpital, de maison de force et de maison de correction, sous l'administration de l'Hôpital général de Paris. On y enfermait notamment les aliénés, les vénériens, et ceux qu'on soupçonnait d'atteintes contre les moeurs; le régime, pour ces derniers, était fort dur. Voir M. Marion, *Dictionnaire des institutions de la France au XVIIe et au XVIIIe siècles* ([1923], réimpression faite à Paris, 1968), p.49.

rapports avec Voltaire(1). Je ne dirai ici que quelques mots des aspects littéraires du libelle de Desfontaines, lesquels devraient faire l'objet d'une étude à part(2).

La carrière de Voltaire est bien connue, malgré certaines lacunes regrettables. Celle de Desfontaines l'est beaucoup moins. L'étude la plus récente et la plus fournie est celle de Thelma Morris, qui donne bien des détails curieux, mais qui pèche pourtant, à l'occasion, par l'absence de références pour justifier certaines affirmations. Avant l'ouvrage de Morris on ne disposait que de deux études, qui étaient bien loin d'être complètes, celle de Nisard et celle de Spatzier(3), d'un certain nombre de documents judiciaires concernant Desfontaines, publiés par Ravaisson (le travail de Ravaisson a été corrigé par Boivin, qui a également découvert de nouveaux documents(4)), et finalement de témoignages du XVIIIe siècle, dont le plus important est la *Préface* de l'anthologie *L'Esprit de l'abbé Desfontaines* (voir Morris, pp.374-378).

Pierre François Guyot, connu plus tard sous le nom de Desfontaines, du nom de la seigneurie de son père, est né le 25 juin 1685(5). Son père, Robert Guyot, était, dit-on, ou avait été, conseiller au Parlement de Rouen (*Pr.E.DF.*, p.xiv), et Pierre François prétendait avoir des liens de parenté avec monsieur de Novion, et avec l'avocat Dessaudrayes (Ravaisson, pp.115 et 117), avec la marquise de Flavacourt et avec la présidente de Louraille, et par conséquent avec leur frère, le marquis de Bernières, (*La Voltairomanie*, 1.133 et note). Pierre François fit ses humanités chez les Jésuites, à Rouen, et entra dans leur ordre en 1700 (*Pr.E.DF.*, p.xiv); nous ne savons à peu près rien de sa vie entre 1700 et 1717, date à laquelle, 'au grand regret de ses Supérieurs & de ses Confrères', il quitta volontairement l'ordre des Jésuites, parce que 'la liberté lui était nécessaire' (*Pr.E.DF.*, p.xv; aussi Boivin, p.63). Il aurait exercé alors les fonctions de secrétaire chez le nonce au Pape, le Cardinal Bentivoglio, puis celles de bibliothécaire chez le futur cardinal de Vienne, l'abbé d'Auvergne (Boivin, p.60; Morris, p.27). Il aurait obtenu ensuite, grâce à la protection de ce dernier, la cure de Thorigny, en Normandie (*Pr.E.DF.*, p.xv; Morris, p.27); ni la date de sa nomination, ni celle de sa démission, ne sont connues, et on ne sait pas

---

(1) Les pages que consacre à ces rapports T. Morris me paraissent insuffisantes, et marquées d'une certaine partialité (pp.49-68); je dirais la même chose des remarques de M. Besterman sur ce sujet (*Voltaire*, pp.111-113 et 204-206).

(2) Les controverses littéraires qui forment une bonne moitié de *La Voltairomanie* seront traitées dans les notes de la présente édition.

(3) Nisard: voir la liste des abréviations; Spatzier, *Der Abbé Desfontaines, ein Kritiker Voltaires* (Leipzig, 1904): je n'ai pas utilisé cet ouvrage.

(4) Voir la liste des abréviations.

(5) Morris, p.21, qui cite l'acte de baptême de Desfontaines.

non plus avec certitude si, lors de sa démission, il avait renoncé au
bénéfice de cette cure; mais il est à peu près certain qu'il ne le
recevait plus en 1736 (Morris, pp.27-31).

Le goût que Desfontaines avait pour les belles-lettres, nourri sans
doute par ses maîtres au collège de Rouen, s'annonça assez tôt. Il avait
fait des inscriptions latines pour toutes les fontaines de Rouen en 1704,
une *Ode sur le vain usage de la vie*, en 1715, et, en 1717, une traduction
française des psaumes (Morris, pp.32-33 et 370). Il n'y avait pas là de
quoi assurer sa renommée. Mais en 1722 il se fit connaître avec éclat
dans le monde littéraire par les *Lettres de m. l'abbé *** à m. l'abbé
Houtteville, au sujet du livre De la Religion chrétienne prouvée par les
faits*: selon Morris (p.34), seules la première et la dernière de ces
vingt lettres, celles qui attaquent le style de l'apologiste, sont de
Desfontaines; les autres sont du P. Hougan. Desfontaines adopte donc
dans ces lettres le rôle qui allait être le sien pour le reste de sa vie:
celui de défenseur du 'bon goût' et de la pureté du style. Il s'y fait
également annoncer comme un critique qui n'hésite pas à attaquer les
écrivains célèbres ou à la mode: voilà encore un trait qui le
caractérisera pendant toute sa carrière. C'est ensuite une pièce de
Houdard de La Motte qu'il prit pour cible, dans les *Paradoxes littéraires
au sujet de la tragédie d'Inès de Castro* (1723). Il ne réussit pas, par
cette critique, à refroidir l'enthousiasme presque universel qu'on
montrait alors pour cette pièce, mais il attira de nouveau sur lui
l'attention du public et même celle des connaisseurs. Selon l'auteur de
la *Préface* de *L'Esprit de l'abbé Desfontaines*, ce sont les *Lettres* et les
Paradoxes qui l'ont fait remarquer par les 'Protecteurs' du *Journal des
savants*' (p.xviii). Ce journal, dont l'objet était d'informer le public
des nouvelles publications littéraires et d'en donner des extraits, avait
été fondé en 1665 par Denis de Sallo; depuis 1702, il était rédigé par un
comité formé de spécialistes de chaque genre littéraire(1); parmi les
membres de ce comité, il y avait Fontenelle (pour les mathématiques et
l'érudition), et Andry (pour la médecine)(2). Le directeur du journal,
depuis 1701 (sauf pour les années 1715-1722) était l'abbé Bignon, savant
renommé (voir les notes aux 11.153-155 et 162-174), et, paraît-il, allié
indirectement par le mariage avec la famille de Desfontaines(3). Le
directeur, ou le comité de rédaction, ou les deux, invitèrent en 1724
Desfontaines à collaborer au journal. Le voilà donc rédacteur du *Journal
des savants*, qui, à la même époque, d'hebdomadaire devint mensuel(4). Il
n'y a pas de doute qu'il apprit dans ce nouveau poste l'art du
journalisme qu'il allait pratiquer avec tant de succès dans les années
1730, mais il paraît que le public était partagé sur la valeur des

---

(1) E. Hatin, *Histoire politique et littéraire de la presse en
France*, réimpression faite à Genève en 1967, vol.II, pp.152-188.

(2) Hatin, *Histoire politique* ..., vol.II, p.187; voir, au sujet
d'Andry, ma note aux 11.vii-ix de la note de Desfontaines, 1.802.

(3) Lettre de Desfontaines dans Ravaisson, citée *infra*, p.XIII.

(4) Hatin, *Histoire politique* ..., p.192.

contributions de ce nouveau collaborateur (Morris, pp.36-37). Voltaire, par exemple, fait entendre que c'est un 'gazetier' peu exact(1).

Il est prouvé, par une lettre de Voltaire à Thieriot que M. Besterman date du 13 octobre 1724, que Voltaire connaissait déjà personnellement Desfontaines à cette époque. Dans cette lettre (Best. D 217), Voltaire explique à Thieriot pourquoi il a recommandé Davou pour le poste de secrétaire du duc de Richelieu à l'ambassade de Vienne, poste que Thieriot avait refusé. Voltaire dit que Desfontaines s'était d'abord proposé lui-même (peut-être tâchait-il d'échapper à l'orage qui allait bientôt fondre sur lui), mais que lui, Voltaire, lui ayant fait sentir qu'il n'y *convenait* pas, pour des raisons qu'il ne donne pas dans la lettre, Desfontaines lui 'présenta m^r Davou son ami pour cette place'; la suite de la lettre fait comprendre que Voltaire fait foi à la recommandation de Desfontaines, dont il ne semble nullement se défier. Cela est assez surprenant, puisque dès le mois d'août Voltaire tâchait de faire saisir l'édition subreptice de *La Ligue* que Desfontaines venait de faire publier (A Amsterdam, chez Jean Frédéric Bernard, 1724), et qui contenait des vers ajoutés par l'abbé, dont certains étaient assez compromettants (Best. D 200, [17 août 1724], et Best. D 202, [21 Août 1724], à Thieriot toutes les deux). Selon O.R. Taylor, Voltaire était sûrement au courant du fait que cette édition était due aux soins de Desfontaines, avec qui il avait à cette époque des rapports d'amitié; M. Taylor ajoute qu'on s'étonne que Voltaire, dans les deux lettres à Thieriot, ne montre aucun ressentiment contre Desfontaines(2). Il semble pourtant plus probable que Voltaire ne savait pas, en août 1724, que l'édition subreptice était due à Desfontaines: 1° il ne le nomme pas dans les deux lettres à Thieriot; 2° la lettre de Thieriot, datée du 16 août 1726, qui comporte une dénonciation de Desfontaines à propos de cette édition de *La Ligue*, fait clairement entendre que Voltaire n'était pas au courant de cette infidélité: 'c'est luy [Desfontaines] qui a fait faire une édition du poème de la Ligue dans lequel il a inséré des vers satiriques de sa façon' (Best. D 300, corrigée par Best. D 1736)(3).

---

(1) Best. D 203, Voltaire à Madame de Bernières, [21 août 1724]: selon Morris, p.31, cette lettre serait antérieure à la nomination de l'abbé au *Journal des savants*, ce qui me paraît peu probable; si elle lui est postérieure, la nomination de Desfontaines, dont on ne connaît pas la date exacte, serait antérieure au mois d'août 1724.

(2) *La Henriade: The Complete Works of Voltaire*, vol.II, Genève, 1970, pp.54-55 et 235-236.

(3) Est-ce vers le commencement de l'année 1724 que Voltaire a prêté à Desfontaines un tome du *Dictionnaire* de Bayle, et un exemplaire de *La Ligue*, 'avec des feuillets blancs à chaque page, remplis de notes écrites à la main', qui étaient chez Desfontaines lors de son arrestation en mai 1725 (Ravaisson, p.116; M.I, p.305)? Cela est bien possible, et dans ce cas, cet exemplaire de *La Ligue* aurait peut-être servi à Desfontaines dans la préparation de son édition, comme le suggère M. Taylor (*La Henriade*, éd. citée, p.54, n.93).

Voilà donc Desfontaines établi comme journaliste. Mais sa carrière prometteuse connut bientôt des accrocs. Vers le milieu du mois d'août 1724, un anonyme écrivit au lieutenant de police, Ravot d'Ombreval, pour dénoncer les activités sexuelles de l'abbé:

> L'abbé Duval[1] des Fontaines, attire chez lui des jeunes gens pour les corrompre, et il en fait souvent coucher avec lui.
> Si on veut s'informer exactement de sa conduite, on trouvera qu'il n'a point ou peu de religion [...], et qu'il est en commerce avec de petits maîtres et de jeunes libertins, avec lesquels il fait des parties de débauche.
> Il loge rue de l'Arbre-Sec, à Notre-Dame-de-Lorette, au 2e étage, sur le devant, en chambre garnie (Ravaisson, p.102, corrigé par Boivin, pp.55-56).

Une telle accusation aurait pu avoir des conséquences très sérieuses à l'époque. Pendant les premières années de la Régence, les autorités avaient adopté une politique de répression silencieuse et plutôt légère envers les homosexuels, mais, dès 1719, on commença à les traiter plus sévèrement; cette politique aboutit en 1726 à la mort de Benjamin Deschauffours, brûlé vif en Place de Grève le 25 mai[2]. Une investigation préliminaire du comportement de Desfontaines ne confirma pas l'accusation de sodomie (apostille d'Haymier datée du 21 août 1724, Ravaisson, p.103, corrigée par Boivin, p.56), mais d'Ombreval, ayant reçu d'autres accusations concernant l'abbé (Ravaisson, p.103: lettre d'Haymier, deuxième paragraphe), procéda à une enquête plus détaillée, dont il chargea l'exempt Haymier. Celui-ci reçut le témoignage d'un jeune homme qui prétendit que Desfontaines avait voulu le 'débaucher dès l'âge de douze ans', et qu'il avait, 'il y a quelques mois', renouvelé ses sollicitations. L'exempt envoya le jeune homme ('un professionnel de la sodomie', selon le mot de Boivin (p.56)) chez Desfontaines, 'pour s'éclaircir au juste de tout ce qu'on disait'; le jeune homme rapporta qu''après les compliments ordinaires, cet abbé est tombé sur les discours infâmes', qu'il avait admis s'être ruiné et s'être rendu malade par ses débauches, qu'il lui fit voir 'des livres de figures en taille douce, pleins d'abominations sodomiques et de postures affreuses', et qu'il parla ensuite de plusieurs rencontres homosexuelles qu'il avait eues depuis deux années (Rapport d'Haymier, daté du 26 septembre 1724, Ravaisson, pp.103-104, corrigé par Boivin, p.56). Sur quoi, d'Ombreval décida de procéder à l'arrestation de Desfontaines, 'à cause de ses livres et de ses estampes' (apostille d'Ombreval au même rapport, Ravaisson, p.104, et Boivin, p.56), mais Desfontaines ne fut arrêté que le 25 octobre (procès-verbal du commissaire Sancé, Boivin, pp.57-58). Au lieu de le conduire, tel Manon Lescaut, à l'Hôpital général, comme le comportait l'ordre (Boivin, p.57), on le laissa entre les mains

---

(1) Cette méprise de nom sera bientôt corrigée par la police: voir Ravaisson, p.105, et Boivin, p.60.

(2) Voir D.A. Coward, 'Attitudes to Homosexuality in Eighteenth-Century France', *Journal of European Studies*, vol.X (1980), pp.231-255, et particulièrement les pp.235-238.

d'Haymier; il subit alors un interrogatoire au cours duquel il nia
certains des faits concernant sa carrière allégués par ses accusateurs,
cita ses protecteurs passés (Bentivoglio, d'Auvergne), et fit valoir
qu'il travaillait au *Journal des savants*. En conséquence – fait peu
surprenant quand on connaît les procédés de la police au XVIIIe
siècle(1) – 'M. le lieut^t général de police a cru [...] ne devoir pas
l'envoyer à l'hôpital et lui a rendu sa liberté', bien qu'il se fût
'convenu de toutes ses infamies' (rapport de police, Boivin,
pp.59–60)(2). D'Ombreval décida en même temps d'écrire à l'abbé Bignon
(Boivin, p.60), qui témoigna bientôt en faveur du journaliste(3).
Desfontaines dira plus tard qu'il promit, lors de sa libération, 'de ne
donner jamais lieu à aucun nouveau soupçon', et, en particulier, de
n'employer comme secrétaire qu'une personne âgée (lettre de Desfontaines
à Haymier, 2 mai 1725, Ravaisson p.115).

Desfontaines reprit donc son travail. Mais six mois plus tard, et
sans, selon lui, qu'il se fût permis la moindre action suspecte (même
référence), il fut de nouveau inquiété par la police, à la suite d'une
déclaration faite le 22 avril 1725 par un détenu du Fort-l'Evêque, 'Louis
Legrand, âgé de 16 ans'; cette déclaration se rapportait non aux six mois
précédents, mais à une période antérieure de 'huit à six mois' à la
déclaration, c'est-à-dire à juillet-septembre 1724, l'époque précisément
des dénonciations précédentes. Legrand détaille les pratiques de
Desfontaines à son égard, et déclare en plus que l'abbé avait dit avoir
'eu affaire à beaucoup d'autres jeunes gens' (Boivin, pp.60-62).

Voltaire fera entendre plus tard que c'est vers cette époque,
c'est-à-dire vers la mi-avril 1725, qu'il rencontra pour la première fois
l'abbé Desfontaines, par l'intermédiaire de Thieriot (Best. D 1147 = *Le
Préservatif*, XXVII, pp.40-42, M.XX, p.386)(4). C'est faux, car nous
savons bien qu'il l'avait rencontré en octobre 1724, et cette rencontre

---

(1) Voir Coward, article cité, pp.244-245.

(2) Lorsque la police en vint, le 31 octobre, à 'faire
perquisition' des livres de Desfontaines, qui étaient restés sous scellés
depuis son arrestation, il 'ne s'est trouvé [...] aucuns livres traitants
de sujets suspects, mais bien neuf estampes remplies de nudité'(Boivin,
p.59): voilà donc une 'infamie' au moins dont il ne paraît pas avoir été
coupable.

(3) On ne possède pas ce témoignage, mais son existence est
attestée par la lettre de Desfontaines à Haymier du 2 mai 1725, et par
celle de Bignon du 4 du même mois, Ravaisson, pp.114-115.

(4) Dans cette lettre, Voltaire situe cette première rencontre en
1724, mais le contexte fait bien voir qu'il parle de 1725, puisqu'il dit
qu'elle eut lieu 'quinze jours' avant l'incarcération de Desfontaines,
qui se produisit le 2 mai; Voltaire a donc fait dans cette lettre un
lapsus calami assez significatif, puisqu'il se pourrait que la première
rencontre eût lieu en 1724, mais à une toute autre occasion que
l'emprisonnement de Desfontaines.

n'en exclut pas d'autres qui seraient antérieures. Il a sans doute voulu supprimer le fait qu'il avait eu affaire à Desfontaines bien avant Bicêtre, et qu'il le regardait alors comme un honnête homme. On sait qu'il estimait assez Desfontaines pour lui prêter des livres: un tome du *Dictionnaire* de Bayle, et un exemplaire du poème de *La Ligue*(1).

La déclaration de Legrand réactiva les procédures contre Desfontaines, qui étaient restées lettre morte depuis octobre 1724. On peut croire que d'Ombreval en vint à regretter sa clémence d'alors, quand il vit par cette déclaration que les affaires de Desfontaines étaient plus notoires qu'il ne l'avait cru. Il affirme à Maurepas que Desfontaines est 'un des plus dangereux sod. qu'il y ait', et il lui demande un nouvel ordre d'arrestation où le nom 'Duval' serait remplacé par 'Guyot' (Boivin, p.62); cet ordre lui parvient bientôt après le 25 avril (lettre de Maurepas à d'Ombreval, Ravaisson, p.114). Le 2 mai, Desfontaines fut donc arrêté et conduit à l'Hôpital (Haymier au même, Ravaisson, p.114), d'où il fut bientôt transféré à Bicêtre (lettre d'avant le 8 mai, Ravaisson, pp.116-117, corrigé par Boivin, p.63). Le jour de son arrestation, il écrit à d'Ombreval pour protester de son innocence, et notamment de sa sagesse depuis six mois:

> Il y a six mois et plus que vous me fîtes arrêter, et que vous m'élargîtes le même jour. Vous savez que je vous promis alors, en homme d'honneur, de ne donner jamais lieu à aucun nouveau soupçon, et vous me promîtes de n'avoir plus d'égard aux soupçons passés. M. l'abbé Bignon vous a promis pour moi la même chose, et vous lui avez dit que l'on ne m'inquiéterait plus, si je ne donnais lieu dorénavant à de nouveaux soupçons. Je vous jure que j'ai été parfaitement sur mes gardes depuis six mois, et que je n'ai pas permis à aucun jeune homme d'approcher de chez moi. [...] J'ai gardé ma parole et je vous prie aussi de garder celle que vous avez donnée à M. l'abbé Bignon. Ayez la bonté de vous souvenir que je suis un homme en place, connu à Paris, et dans toute l'Europe, par mon journal et mes autres écrits. Quel scandale affreux, si l'on sait dans le monde l'état honteux où je suis [...].
> *P.S.* - Faites, s'il vous plaît, réflexion que je suis un homme de condition, parent de M. de Novion et allié de l'abbé Bignon (Ravaisson, pp.114-115).

On voit dans cette lettre le caractère peu souple, arrogant même, de l'abbé Desfontaines, qui ne se rend pas compte qu'il ne faut jamais faire sentir à un membre de la police que celui-ci a commis une injustice si l'on veut qu'il la redresse.

Le 4 mai, l'abbé Bignon écrit à d'Ombreval afin de lui demander la levée des scellés pour récupérer certains livres qu'il avait prêtés, en tant que Directeur de la Bibiothèque du Roi, à Desfontaines; Voltaire écrit dans le même sens pour demander son Bayle et sa *Ligue* (Ravaisson,

---

(1) Ravaisson, p.116: ces livres se trouvaient chez Desfontaines lors de son arrestation; on ne sait pas la date du prêt: voir *supra*, p.X, n.(3).

pp.115–116). Deux jours plus tard, Desfontaines écrit une longue lettre
à Dessaudrayes, 'avocat aux conseils du roi, son 'cher parent et ami': il
nie être coupable du 'péché' dont on l'accuse, il blâme à plusieurs
reprises ses 'ennemis' pour le coup qui lui a été porté, et il demande à
Dessaudrayes de faire certaines démarches en sa faveur:

> [...] Je vous prie d'aller trouver Vilette [...] ; contez-lui mon
> affaire, en lui recommandant le secret, et dites-lui que je le prie
> d'aller sur-le-champ trouver M. d'Osmond et Mme Champcenetz pour
> obtenir une contre-lettre qui m'élargisse en répondant de ma
> conduite [...]. Allez trouver M. de Voltaire, qui peut faire agir
> M. de Sully, M. de Richelieu, M. de Maisons, Mme de Prie auprès de
> M. de Maurepas. Voyez aussi M. Novion afin qu'il prie Mme de
> Bernières de s'employer auprès de Mme de Prie qui la connaît.
> Voyez à Versailles M. Hardion, secrétaire du Roi, demeurant chez M.
> de Morville à qui j'ai écrit [...].
>   Allez aussi, je vous prie, trouver M. d'Ombreval [...],
> marquez-lui que j'ai été fidèle à ma parole [...]; voilà bien des
> peines, mais il s'agit de me sauver la vie [...].
>   Faites agir Gèvres et d'Avoust, [...] aussi bien que l'abbé
> de Fontbriand, [...] mais surtout allez trouver M. l'abbé Bignon
> [...]. Voyez encore l'abbé Alary mon ami, [...] afin qu'il parle
> pour moi à M. de Fréjus. Je compte infiniment sur M. d'Osmont
> [...].
>   [...] Je vous prie encore d'envoyer de Gesvres chez le père
> Vinot de l'Oratoire, mon ami, qui demeure au palais royal chez M.
> d'Argenson. C'est un homme efficace et bon ami, qui pourra engager
> M. d'Argenson à me rendre service et à parler à M. de Maurepas ou
> à M. d'Ombreval [...].
>   [...] Engagez M. de Voltaire, au nom de l'amitié qu'il a
> pour moi, de faire travailler ses puissants amis [...]
> (Ravaisson, pp.117–121, corrigé par Boivin, pp.62–63).

Cette lettre montre bien que Desfontaines ne comptait pas sur le seul
Voltaire pour assurer sa libération, mais qu'il semble, par la répétition
du nom du poète, compter sur lui plus que sur les autres auxquels il
faisait appel. On voit aussi que Desfontaines savait bien qu'il avait
été arrêté à la suite d'une déclaration se rapportant à une période bien
antérieure(1) aux six mois précédents. La lettre nous apprend en plus
que Legrand avait servi à Desfontaines d'*écrivain*, c'est-à-dire de
secrétaire (Ravaisson, p.118).

Vers le 8 mai, Desfontaines écrit de nouveau à d'Ombreval; il
réitère ses protestations d'innocence par rapport aux temps récents, mais
le ton est bien moins haut, et il tâche maintenant de faire appel à la
pitié du lieutenant général; il dit notamment: 'j'ai une santé infiniment
délicate et mon corps ne pourra pas résister longtemps aux horreurs de la
prison où je suis'. (Il paraît en effet que Desfontaines était flagellé
tous les jours à Bicêtre, bien qu'il n'eût pas été juridiquement reconnu

---

(1) Antérieure d'un an et demi, selon Desfontaines (Ravaisson,
p.118), ce qui contredit la déclaration de Legrand.

comme coupable, Ravaisson, p.117, n.1). Il finit par implorer d'Ombreval
de l'exiler, c'est-à-dire de le reléguer loin de Paris (Ravaisson,
pp.116-117, corrigé quant à la date, par Boivin, p.63). On est surpris
de voir déjà, à la fin de la lettre de Desfontaines cette apostille de
d'Ombreval, datée du 8 mai: 'M. Rossignol, prendre un ordre de liberté et
de relégation à 30 lieues de Paris' (Ravaisson, p.117, corrigé, quant à
la date, par Boivin, p.63). L'ordre de libération se fit attendre, et on
peut imaginer que les amis de Desfontaines eurent largement le temps de
faire leurs démarches. Enfin, le 23 mai, on donna à Versailles l'ordre
par lequel Desfontaines fut libéré, et par lequel il devait aller à La
Rivière-Bourdet; cet ordre se fit à la suite d'un placet envoyé par M. de
Bernières au duc de Bourbon:

> Henri Maignard de Bernières, président à mortier du
> Parlement de Normandie, supplie son Altesse sérénissime Monseigneur
> le duc d'avoir la bonté d'envoyer à sa terre de la Rivière Bourdet,
> près de Rouen, le S^r abbé Desfontaines, gentilhomme de Normandie,
> son parent, de la conduite duquel il répond à son Altesse
> sérénissime (Boivin, p.63).

Or, selon madame de Bernières, qui écrivit en janvier 1739, le président
de Bernières ne composa ce placet qu'à la sollicitation de Voltaire:

> Vous nous le présentâtes [Desfontaines], tout ce qui venait de
> votre part était sûr d'être bien reçu. Quelque temps après il fut
> mis à Bissetre, ce fut dans cette occasion où vous vous donnâtes
> tous les mouvements possibles pour l'en tirer, & vous employâtes
> tous vos amis. Ce ne fut assurément qu'à votre sollicitation que
> mr. de Berniere le réclama pour son parent, & répondit de sa vie &
> moeurs, & le mena à la Rivière Bourdet; car vous savez bien le peu
> d'estime qu'il avait pour lui (Best. D 1759, 9 janvier 1729, à
> Voltaire).

Madame de Bernières écrivit cette lettre à la demande de Voltaire, qui
avait affirmé dans *Le Préservatif* que c'était lui qui avait obtenu
l'élargissement de Desfontaines, la discontinuation de son procès, et son
exil à La Rivière-Bourdet(1), et qui se voyait contredit sur ce point par
La Voltairomanie, où Desfontaines avait dit que c'était M. de Bernières
qui avait demandé à Voltaire d'agir en faveur de Desfontaines
(ll.105-107).

Le reproche principal que Voltaire fera plus tard envers
Desfontaines est celui d'ingratitude: Voltaire lui a sauvé la vie, donc,
Desfontaines n'avait pas le droit d'écrire contre lui. Il serait par
conséquent utile de pouvoir affirmer, preuves à l'appui, soit que

---

(1) *Le Préservatif*, XXVII, p.41, M., p.386 = Best. D 1147; le texte
de cette lettre est cité dans ma note aux ll.105-107; Voltaire fait une
affirmation semblable dans son premier mémoire contre Desfontaines de
1739: 'le sieur abbé Desfontaines [...] n'eut recours qu'au sieur de
Voltaire [...] [lequel] fut le seul qui s'employa pour lui' (M.XXIII,
p.35).

Voltaire fut responsable de la libération de Desfontaines, comme le croyait ou comme le disait Voltaire lui-même, et comme le croient par exemple Nisard (p.103), et M. Besterman (Best. D 232, comm.), soit qu'il n'en fut pas responsable, comme l'affirme Thelma Morris(1). Malheureusement, il semble bien qu'il soit impossible de trancher ainsi la question: le témoignage de madame de Bernières est catégorique, mais elle écrit évidemment pour plaire à Voltaire, dont elle avait été la maîtresse dans les années 1722-1726; on ne peut ni se fier totalement à son affirmation, ni la rejeter totalement. D'autre part, il faut remarquer que puisque la libération est décidée dès le 8 mai, les amis de Desfontaines, y compris Voltaire, n'avaient pas eu beaucoup de temps, avant cette date, pour agir en sa faveur: Voltaire a sans doute sollicité d'Ombreval et d'autres personnages influents(2), mais le fit-il avant le 8 mai? C'est ce qu'on ne saurait affirmer positivement. Il est bien possible que d'Ombreval ait décidé la libération de Desfontaines avant les sollicitations de ses amis, mais qu'il ne savait pas où le faire exiler: dans ce cas, l'intervention de M. de Bernières l'aurait mis en mesure de préciser le lieu d'exil et de procéder à la libération.

On voit que la question de l'importance de l'intervention de Voltaire est loin d'être totalement éclaircie. On possède bien la lettre que Voltaire écrit à d'Ombreval, le 29 mai, pour le remercier d'avoir libéré Desfontaines(3): il s'agit d'un remerciement par anticipation, car Desfontaines ne sortit de Bicêtre que le lendemain (Ravaisson, p.122, n.2). On possède également la lettre de remerciement que Desfontaines écrit à Voltaire le 31 mai dont j'ai déjà cité une partie ('vous êtes l'ami le plus essentiel', etc.); dans la même lettre, il demande à Voltaire de tâcher de faire en sorte que l'ordre d'éloignement de Paris 'soit levé par une autre lettre de cachet en cette forme: *Le roi, informé de la fausseté de l'accusation intentée contre le sieur abbé Desfontaines, consent qu'il demeure à Paris*' (Best. D 235). Il semble probable qu'il n'aurait pas fait cette demande s'il n'avait pas cru que Voltaire fût pour quelque chose dans sa libération, mais cela ne prouve nullement qu'il ne comptait que sur le seul Voltaire. Voltaire lui répond le 4 juin, sans doute pour lui dire qu'on allait lui permettre de revenir à Paris (Best. D 237, dont le texte manque). En effet, cette permission fut accordée le 7 juin (Boivin, p.64, n.1).

---

(1) P.41: Morris dit que Voltaire 'a tort de s'attribuer à lui seul le mérite d'avoir libéré Desfontaines', parce que c'était la lettre de Bernières qui assura la libération; c'est négliger cette autre possibilité: Bernières n'écrivit que sur la demande de Voltaire.

(2) En plus de la lettre Best. D 1147, déjà citée, voir le mémoire de Madame du Châtelet, Best. D app.51, où il est dit que Voltaire visita Desfontaines à Bicêtre, sollicita en sa faveur Villars, M. de Maisons, l'abbé Alaric, et l'abbé Bignon, puis accompagna Bernières chez d'Ombreval; voir aussi la *Requête du sieur de Voltaire* (Best. D app.54), où Voltaire dit avoir agi auprès de Maurepas.

(3) Best. D 234; Ravaisson, p.122; une partie de cette lettre est citée dans ma note aux 11.103-104.

Il est temps d'examiner la question du 'libelle' contre Voltaire que, selon celui-ci, Desfontaines avait composé bientôt après sa libération. Voltaire admet, dans une lettre du 2 janvier 1739, que ce qu'il en sait, il le sait par le seul Thieriot (Best. D 1736). La lettre où Thieriot parlait de ce libelle n'existe plus; le texte en a été tiré, dans la *Correspondance* de Voltaire, de cette même lettre du 2 janvier 1739, où Voltaire la cite pour faire honte à son ami de ses tergiversations lors de l'affaire de *La Voltairomanie*. Thieriot lui aurait donc écrit en 1726 en ces termes:

Il [Desfontaines] avoit fait contre vous un ouvrage satirique dans le temps de Bissetre que je luy fis jetter dans le feu et c'est luy qui a fait faire une édition du poème de la Ligue [...](1).

Dans *Le Préservatif* Voltaire présente les faits d'une façon différente:

je lui fis avoir la permission d'aller à la campagne chez M. le Président Berniere mon ami. Il y alla avec M. Tiriot, sçavez-vous ce qu'il y fit? un Libelle contre moi. Il le montra même à M. Tiriot qui l'obligea à le jetter dans le feu; il me demanda pardon, en me disant que le Libelle estoit fait un peu avant la datte de Biscêtre; j'eus la foiblesse de lui pardonner [...] (p.41, M., p.386 = Best. D 1147).

Le problème posé par ces affirmations se divise en deux éléments: 1° Desfontaines composa-t-il un tel libelle? 2° S'il le fit, quand le composa-t-il?

Fit-il un tel libelle? Non, si l'on en croit *La Voltairomanie*, où Desfontaines dit que Thieriot n'avait 'aucune connaissance' de ce prétendu libelle (*La Voltairomanie*, 11.285-287), et où il défie Voltaire de *montrer* le libelle imprimé, ou de citer d'autres témoins que Thieriot attestant l'existence d'un manuscrit qui aurait été détruit (11.288-292). C'est à ce défi que répond Voltaire dans le *Mémoire sur la satire* de 1739: il prétend que le libelle était intitulé *Apologie de M. de Voltaire*, et qu'il a été publié en 1725; il admet qu'il n'a aucune preuve décisive que Desfontaines en fût l'auteur, mais il dit qu'il en croit 'la voix publique' (M.XXIII, pp.62-63). (Il ne tente pas de résoudre l'énigme posée par un libelle dont le manuscrit aurait été brûlé, mais qui aurait été publié après cet *autodafé*). Or il existe une *Apologie de M de Voltaire adressée à lui-même*: elle parut dans la *Bibliothèque françoise ou histoire littéraire de la France*, éditée par Du Sauzet, dans la livraison de juillet-août 1726(2); elle est datée de 'mai 1725' et elle est attribuée par l'éditeur à Desfontaines. Cette *Apologie* se

---

(1) Best. D 300, [16 août 1726], corrigée quant à deux erreurs par Best. D 1736; j'ai déjà cité le reste de la phrase concernant *La Ligue*, supra, p.X. Voltaire donne une version différente de cette même lettre dans le premier mémoire contre Desfontaines, M.XXIII, p.39.

(2) T.VII, Amsterdam, 1726, pp.257-280.

présente comme le résumé d'une conversation entre l'auteur et un ami, au sujet de *La Ligue* et d'autres poèmes de Voltaire. L'auteur prétend, dans ses remarques préliminaires, avoir pris la défense de Voltaire contre les critiques de son interlocuteur, mais en fait l'ouvrage contient bien plus de critiques que de justifications. Il y est fait assez peu d'allusions au caractère de Voltaire, mais il est vrai qu'on y prétend qu'il a montré de l'ingratitude dans ses rapports avec La Motte (pp.277-278). C'est donc, en un sens, un 'libelle' contre Voltaire, mais on dirait que c'est plutôt une satire de ses ouvrages(1). Voltaire avait sans doute tort de s'offenser tellement d'un opuscule qui examinait ses ouvrages plutôt que sa personne; mais il ne s'en offensa, semble-t-il, que dans les années trente, à l'époque où sa brouille avec Desfontaines était consommée. En conclusion, on peut dire que cette *Apologie* semble être le libelle dont parle Voltaire dans sa lettre imprimée dans *Le Préservatif*, et qu'elle paraît être de Desfontaines. Mais quand aurait-il composé le libelle? 'A la campagne', c'est-à-dire, à La Rivière-Bourdet, si l'on en croit *Le Préservatif*. '*Dans le temps de Bissetre*', selon la lettre de Thieriot de 1726. '*Un peu avant la datte de Biscêtre*', selon l'excuse que Desfontaines aurait donnée à Voltaire. Que croire, ou plutôt, qui croire? 1° Il semble vraiment peu probable que Desfontaines ait écrit une critique de Voltaire dans les quelques jours qu'il passa à La Rivière-Bourdet entre sa libération et son retour à Paris: d'abord parce qu'il n'en aurait pas eu le temps, ensuite parce qu'il écrivait à Voltaire à cette époque même pour lui demander son aide; un tel acte d'ingratitude est fort invraisemblable. 2° Il est également improbable qu'il l'ait rédigé à Bicêtre: selon son propre témoignage à l'époque, il y était, au commencement, 'sans livres, sans encre, sans occupation' (lettre à Dessaudrayes, Ravaisson, p.121); les livres qu'il a demandés, par l'intermédiaire de Dessaudrayes ('une grammaire hébraïque in-8°, les 4 volumes de mémoires servant à l'histoire de l'Europe depuis 1600, un Juvénal latin et français, et un petit Horace latin', même lettre, p.120), n'étaient guère propres à la préparation d'un examen des oeuvres poétiques de Voltaire; l'exemplaire de *La Ligue* que lui avait prêté Voltaire était resté chez lui, sous scellés: on peut toujours supposer que Voltaire, qui l'a récupéré peu après le 6 mai (Ravaisson, p.116), l'ait apporté à Desfontaines quand il lui rendit visite à Bicêtre, mais cela semble peu probable. 3° Il est beaucoup plus vraisemblable que Desfontaines ait rédigé l'*Apologie* avant son arrestation(2). On peut croire qu'il l'a montrée à Thieriot lors de leur séjour à La Rivière-Bourdet, que celui-ci lui a conseillé de ne pas publier une critique des oeuvres de son bienfaiteur, qu'il a promis de la détruire, mais qu'il ne l'a pas fait, et qu'il l'a fait publier l'année suivante, après le départ de Voltaire pour l'Angleterre, parce qu'il manquait d'argent (sur ce manque d'argent, voir la lettre de Thieriot, Best. D 300).

---

(1) Cette *Apologie* est parfois attribuée à l'abbé S.J. Pellegrin (Cioranescu, *Bibliographie de la littérature française du dix-huitième siècle*, no.65344).

(2) Selon O.R. Taylor, l'*Apologie* circulait en manuscrit dès avril 1725, *La Henriade*, éd. citée, p.56, n.102.

Le 12 juin un particulier, le même qui avait dénoncé Desfontaines au mois d'août 1724 (Boivin, p.64), et qui, paraît-il, ne savait pas que l'abbé venait d'être libéré, écrivit à d'Ombreval la lettre suivante:

> On dit que le sieur Arouet de Voltaire est dans la disposition de solliciter la liberté de son cher et intime ami, l'abbé Guyot Desfontaines, et que, s'il n'ose le faire ouvertement, il emploira le crédit de quelques personnes de considération et d'autorité; mais si on veut s'informer de la vie que ce poète a menée depuis qu'il est sorti du collège des jésuites, et si on examine les gens qu'il a fréquentés, on n'aura point d'égard à ses prières, ni à celles de ses amis comme très suspects [*sic*](1).

Cette accusation, qui était suivie de quelques précisions concernant les relations suspectes de Voltaire, et qui laisse entendre assez clairement que Voltaire avait une relation homosexuelle avec Desfontaines, mérite-t-elle d'être prise au sérieux? Ravaisson remarque (p.122, n.1), que même les ennemis les plus acharnés de Voltaire ne l'ont jamais accusé d'être *de la manchette*(2). Pourtant, comme le remarque le même Ravaisson: 'il y a [...] dans tout ce qu'a dit Voltaire au sujet de Desfontaines, quelque chose de pareil aux cris qu'arrache une grande souffrance, et que les piqûres infligées à l'orgueil du poète n'expliquent pas assez' (pp.122-123, n.3). En effet, dès 1736, on verra Voltaire poursuivre Desfontaines avec un acharnement qu'on pourrait attribuer à la jalousie. Selon Th. Besterman (*Voltaire*, p.206), il aurait existé une relation homosexuelle entre Thieriot et Desfontaines, ce qui expliquerait la conduite équivoque de Thieriot à l'égard de Voltaire lors de la publication de *La Voltairomanie*; mais M. Besterman nie que Voltaire lui-même ait eu des relations homosexuelles (p.251). H. T. Mason fait remarquer avec assez de vraisemblance que si l'attitude de Thieriot envers Desfontaines, en 1738-1739, peut, comme le prétend Besterman, s'expliquer par une relation homosexuelle entre les deux hommes, l'attitude de Voltaire envers Thieriot pourrait s'expliquer de façon analogue, c'est-à-dire par le fait qu'il y aurait eu, à une époque indéterminée, des rapports homosexuels entre Thieriot et Voltaire; H.T. Mason cite plusieurs témoignages, y compris celui de Voltaire lui-même, qui tendraient à montrer que celui-ci avait eu des expériences homosexuelles(3). En conclusion, on peut estimer qu'il ne serait pas déraisonnable de croire qu'il y ait eu, à un ou à plusieurs moments donnés, des rapports sexuels, entre Thieriot et Desfontaines, entre Desfontaines et Voltaire, et entre Voltaire et Thieriot, et que ces rapports aient influencé leurs réactions ultérieures les uns envers les

---

(1) Ravaisson, p.121, corrigé quant à la date et quant au nom du correspondant par Boivin, p.64; lettre imprimée sous le nom de l'abbé Théru par Besterman, Best. D 234.

(2) Le rapport policier de 1730, où il est dit que 'Voltaire le poète' est 'aussi infame que l'abbé [Desfontaines]', Boivin, p.65, est sans doute basé sur cette même lettre que je viens de citer.

(3) *Voltaire*, Londres, 1981, pp.20 et 53.

autres. Mais il serait téméraire, étant donné le manque total de preuves positives, à la fois de préciser la nature et la durée de ces rapports, et d'en faire l'explication unique ou prédominante de ces réactions. L'amour-propre de Voltaire, et sa sensibilité extrême en ce qui concerne toute critique hostile adressée à sa personne ou à ses ouvrages, s'ils ne suffisent pas à résoudre l'énigme de son acharnement contre Desfontaines dans les années 1730, en sont quand même une cause majeure.

Ces conjectures m'ont mené assez loin du fil chronologique que je m'efforçais de suivre. Je reviens donc au mois de mai 1725, où Desfontaines est sans doute de retour à Paris, après son séjour à La Rivière-Bourdet(1). S'il a des amis puissants, il a aussi des ennemis qui ne désarment pas. Dans sa lettre à Dessaudrayes, il avait accusé ces derniers d'avoir été la cause de ses malheurs, mais sans les nommer (Ravaisson, pp.118,119); dans sa lettre de remerciements adressée à Voltaire, il accuse surtout certains littérateurs: Nadal (voir la note aux 11.xvi-xviii de la note de Desfontaines, 1.802), Danchet, Fréret (Best. D 235); c'était sans doute se tromper lourdement, car les accusations qui avaient provoqué son arrestation paraissent ne provenir que de la part du clergé (voir Boivin, p.55, n.1) et de ses anciennes connaissances. Dans *La Voltairomanie*, il accuse 'les fougueux & dangereux amis d'un homme qui n'est plus': il est possible qu'il désigne ainsi l'abbé Théru (voir 11.148-149, et ma note). Il soutint à l'époque de sa seconde arrestation (Ravaisson, pp.115-118), et dans *La Voltairomanie*, (11.150-152) son innocence totale à l'égard des accusations de sodomie. Etait-il 'innocent' ou non? C'est une question sur laquelle il est oiseux de se prononcer(2). Toujours est-il que Voltaire crut fermement à sa culpabilité, et expliqua sa libération par les démarches qu'il avait faites lui-même, et non par l'innocence reconnue de l'abbé.

Les collègues de Desfontaines s'opposèrent d'abord, paraît-il, à ce qu'il reprît son travail au *Journal des savants*(3). Desfontaines sollicite à plusieurs reprises d'Ombreval, qui finit par écrire à l'abbé Bignon une lettre le priant de reprendre Desfontaines(4). Bignon, selon *La Voltairomanie* (note de Desfontaines à la 1.156), la lut à l'assemblée des journalistes, qui acceptèrent de reprendre Desfontaines. Pourtant ses confrères, au dire de l'auteur de la *Préface* de *L'Esprit de l'abbé Desfontaines*, lui firent essuyer des 'mécontentements' qui le forçèrent à démissionner en 1727 (pp.xix-xx). Ce sont peut-être ces 'mécontentements' qui le font, dès 1725, essayer de trouver un autre

---

(1) On ne sait pas au juste la date de ce retour.

(2) Comme le fait par exemple Nisard, p.32, sur la foi du seul Voltaire, et comme le fait Th. Besterman, *Voltaire*, p.251.

(3) C'est la conclusion qu'on peut tirer de la note de Desfontaines à la 1.156 de *La Voltairomanie*.

(4) Boivin, p.64: la lettre est transcrite dans ma note aux 11.153-155.

travail par l'intermédiaire de Voltaire: c'est ce qui ressortirait d'une lettre que celui-ci lui écrivit le 13 novembre, où il dit avoir parlé de Desfontaines à l'évêque de Fréjus, précepteur du Roi, mais où il laisse entendre que l'évêque avait mauvaise opinion de l'abbé à cause de l'affaire de Bicêtre (Best. D 255). Cette lettre prouve que Voltaire ne considérait pas encore Desfontaines comme un ingrat.

Le journalisme n'occupa pas tout le temps de Desfontaines, car il fit paraître en 1726 son *Dictionnaire néologique*(1). Dans cet ouvrage il critiquait, d'une manière plus sarcastique qu'enjouée, le style de certains de ses contemporains: entre autres, Houtteville, La Motte, Crébillon, Fontenelle, Marivaux. Il y ménage Voltaire, car il n'en critique qu'une ou deux phrases (voir ma note aux 11.231-233). Le *Dictionnaire néologique* connut un assez grand succès: il fut réimprimé en 1727 et en 1728, et à chaque nouvelle édition, il était augmenté. (Desfontaines nie, dans *La Voltairomanie*, avoir autorisé ces additions, qui ne concernaient pas directement Voltaire, 11.231-233, et note).

Pendant le séjour de Voltaire en Angleterre, Thieriot lui révéla, pour la première fois semble-t-il (voir *supra*, p.X), que Desfontaines avait fait un libelle contre son bienfaiteur à l'époque de Bicêtre, et qu'il avait publié l'édition subreptice de *La Ligue* (Best. D 300, [16 août 1726]). On voit par la réponse de Voltaire qu'il avait l'habitude d'écrire souvent et sans contraintes ('freely') à Desfontaines, et qu'il n'était pas, pour l'instant, indigné de ses actions. Mais cette indulgence ne va pas durer.

Vers la mi-novembre 1726, Voltaire envoie à Thieriot *Gulliver's Travels*, qui venaient de paraître à la fin d'Octobre, en lui faisant savoir que c'est un ouvrage très amusant qui a eu beaucoup de succès et qu'il ferait bien de traduire(2): Voltaire veut aider son ami à gagner de l'argent. Thieriot, selon son habitude, ne répond pas immédiatement, et ne fait rien de ce que lui suggère Voltaire. Mais il montre la lettre de Voltaire à Desfontaines, qui a autant que Thieriot besoin d'argent (voir Best. D 300), et, en plus, la volonté d'en gagner par le travail littéraire. L'abbé se met donc à traduire l'ouvrage de Swift (Morris, p.279); sa traduction, qui parut en mars 1727, n'était pas très fidèle, et n'avait pas la prétention de l'être: il supprime des épisodes, et en ajoute de son cru, ce qui n'empêche pas la traduction de se vendre très bien (Morris, pp.278-294). Ce qui surprend surtout dans cet épisode, c'est le fait que Thieriot, ayant mis en garde Voltaire contre Desfontaines, montre à celui-ci des lettres de son ami: ce n'est pas le seul exemple de sa conduite équivoque dans ses rapports avec Voltaire et Desfontaines. On peut dire que la conduite de Thieriot et de

---

(1) Voir, sur l'attribution de ce *Dictionnaire*, Morris, pp.187-188. Le *Dictionnaire néologique* de Desfontaines paraîtra bientôt dans la série des 'Textes littéraires français', publiés par l'Université d'Exeter.

(2) Best. D 306, Best. D 307 — le texte de ces lettres manque, mais leur contenu est établi d'après les remarques de Desfontaines dans la préface de sa traduction.

Desfontaines, à cette occasion, manque de délicatesse(1).

En Angleterre, Voltaire s'occupait de la publication de *La
Henriade*. En décembre 1727, il publie une espèce de préface à son
épopée, composée d'un *Essay upon the Civil Wars in France* et d'un essai
Upon the Epick Poetry of the European Nations. Il prétendra toujours
qu'il avait composé lui-même en anglais l'essai *Upon the Epic Poetry*
(voir par exemple *Le Préservatif*, XXVII, pp.42-43. M., pp.386-387).
Desfontaines sera plus tard d'un autre avis(2), mais à l'époque il ne
conteste pas les aptitudes de Voltaire en tant qu'angliciste; au
contraire, il se hâte de profiter de la parution de l'essai pour le
traduire en français, sans avoir obtenu, bien entendu - mais c'était la
pratique courante alors - la permission de l'auteur. En même temps il
prépare, toujours sans la permission de Voltaire, une édition de *La
Henriade*, comme il l'avait fait autrefois de *La Ligue*. Voltaire, ayant
été informé par Thieriot de ces deux projets, lui écrit le 2 mai 1728
pour signifier sa désapprobation, et pour lui donner les moyens de
contrecarrer l'abbé:

> [...] you must go to m^r Heraut [...] it will be very proper for you
> [...] to inform him, that the person you speak of undertakes an
> edition of the Henriade, contrary to my honour, to my interest, and
> to the laws [...]. Sure m^r Herault will send for him, and forbid
> him to medle with such an undertaking. The lieutenant De police
> will do it the more readily, the more you shall inform him of the
> man's behaviour, and of his having been already guilty once of the
> like(3).
> [...] j think you should see the interloper and tell him
> only you have acquainted me with his design, that he should do
> nothing about the poem without consulting me about many alterations
> j have made since the publication. Tell him besides j disaprove
> intirely his design of translating my english essay, since j have
> translated it my self; that little pamphlet could not succeed in
> France without being dressed in quite an other manner(4).

On ne sait pas si Thieriot agit selon les instructions de Voltaire.
En ce qui concerne l'édition de *La Henriade*, Desfontaines renonça à faire
publier la sienne(5), peut-être à cause des admonestations de Thieriot.
En ce qui concerne l'essai *Upon the Epick Poetry*, la lettre de Voltaire

---

(1) Thieriot dénonce de nouveau Desfontaines à Voltaire dans une
lettre du 15 octobre 1725, environ, Best. D 322.

(2) *La Voltairomanie*, 11.389-391; la question n'est toujours pas
tranchée: voir ma note aux mêmes lignes.

(3) Allusion à l'édition subreptice de *La Ligue*. Voltaire n'avait
pas la permission de faire publier en France son épopée, et il ne voulait
pas, pour la même raison, qu'elle y fût imprimée par un autre.

(4) Best. D 333.

(5) O.R. Taylor, *La Henriade*, éd citée, p.83.

arrivait trop tard, car la traduction avait déjà paru chez Chaubert(1).
Voltaire la reçut vers la fin du mois de juin: il suppose que c'est
Thieriot qui la lui a envoyée (Best. D 336, à Thieriot, [25 juin 1728]),
mais il n'est pas impossible que l'expéditeur fût Desfontaines lui-même.
Il y relève bien des erreurs, y compris celle dont il parlera dans *Le
Préservatif* et dont Desfontaines fera mention dans *La Voltairomanie* (voir
11.387-389).   Il prend le parti non de tâcher de faire supprimer la
traduction, mais de s'en moquer: 'It is but a slight performance in
english, but it is a ridiculous one in french. [...] abbot des Fontaines
has been very far from doing me justice in many passages' (Best. D 336).
Il est vrai que la traduction est loin d'être exacte (voir ma note aux
11.387-389).

Il est curieux de constater l'évolution de l'attitude de Voltaire
à l'égard de cette traduction: l'ayant ridiculisée quand il la reçut, il
en parle, en 1730, en termes assez élogieux, ou plutôt, il fait un éloge
de Desfontaines en tant que traducteur et écrivain, afin sans doute de
pouvoir rejeter de l'édition de 1730 sa traduction de l'essai: il dit
notamment que Desfontaines 'écrit avec plus d'élégance et de pureté que
personne', et que lui, Voltaire, 'ne se serait pas flatté de se traduire
lui-même aussi bien que m. l.abbé Desfontaines l'a traduit (à quelques
inadvertances près)'; il renvoie même 'ceux qui seraient curieux de lire
cet *Essai sur l'épopée* à la traduction de m. Desfontaines, *à Paris, chez
Chaubert*'(2).   On ne saurait écarter un importun avec plus de politesse,
et cette politesse même nous fait voir qu'à cette époque il cherchait à
ménager Desfontaines(3).   Il voulait même, à ce qu'il dit dans son
premier mémoire contre Desfontaines (M.XXIII, p.30), l'aider à corriger
'plus de cinquante contre-sens de cette traduction'; cette traduction
corrigée parut dans l'édition Ledet de 1732(4).   Mais dès l'édition de
1733 (Innis, Londres = Jore, Rouen), il préfère offrir sa propre version
de l'essai(5).   Dans la 'Préface historique pour l'édition de 1745', il
dit que cette suppression fut 'une des causes qui excitèrent la haine et
les calomnies' dont Desfontaines l'accable depuis(6).   Quoi qu'il en soit
de cette explication assez simpliste, il reste vrai qu'avant 1733
Voltaire n'a pas voulu rompre totalement avec Desfontaines, peut-être
parce qu'il croyait que l'abbé pourrait lui être utile comme agent

---

(1) Best. D 333, comm. 8; O.R. Taylor, *La Henriade*, éd. citée,
p.81, n.200.

(2) *La Henriade*, éd. citée, pp.306-307.

(3) C'est vers cette époque qu'il prétend, dans une lettre à
Cideville, qu'il a évité 'la prison la seconde fois' à Desfontaines, lors
de l'affaire du père Girard, Best. D 446, *c*. 10 décembre 1731.

(4) Voir *La Henriade*, éd. citée, pp.238-239.

(5) Ibid., p.239.

(6) Ibid., p.629.

littéraire, peut-être parce qu'il croyait toujours qu'il était possible de renouer leurs liens d'amitié.

Depuis sa démission du *Journal des savants* en 1727 Desfontaines vit de traductions, d'adaptations, et d'autres ouvrages, dont le plus célèbre est son *Nouveau Gulliver* (1730), roman allégorique qui prétend être la continuation du conte de Swift, et qui fut reçu assez favorablement par la critique (Morris, pp.300-309). Pourtant il reste aussi pauvre qu'en 1726: au début de l'année 1730, il écrit à Hérault et à Fleury pour demander de l'argent, à la suite d'un accident arrivé au mois de janvier - s'agirait-il d'une maladie? il se décrit comme 'un cadet de Normandie, fort peu à son aise, et qui ne subsiste à Paris que par un travail assidu'(1). A la fin de l'année 1730, afin sans doute de se donner quelques ressources financières, il revient à son ancien métier de journaliste: il obtient alors un privilège pour la publication d'un journal littéraire, *Le Nouvelliste du Parnasse*. Il avait sans doute des collaborateurs, mais il en était le principal rédacteur (Morris, p.102). Le journal paraissait toutes les semaines, et prit, comme c'était la mode, la forme de lettres à un correspondant anonyme au sujet des livres récemment parus(2).

Dans la lettre 11, il passe en revue ses principaux concurrents, sur lesquels il porte des jugements très curieux et qui permettent de dégager quelques-uns de ses propres principes de journaliste. Il dit n'aimer nullement qu'on parle d'une façon *indécente* de 'matières respectables' (c'est-à-dire, de la religion ou du gouvernement)(3); il se moque pourtant des jésuites qui dirigent le '*Journal de Trévoux*', lesquels ne louent que des oeuvres d'écrivains jésuites, qui manquent d'esprit, et qui affectionnent les néologismes(4); il réprouve la pratique courante selon laquelle on se borne à donner des extraits ou un résumé du livre qu'on discute, assaisonnés de quelques réflexions plutôt morales que littéraires(5). Le journal qu'il prétend proposer comme modèle, c'est le *Journal des savants*, dont il dit apprécier la manière

'de faire connoître le mérite des livres, sans pourtant mêler

---

(1) Ravaisson, p.144; c'est à cette occasion que Hérault demanda à Rossignol un rapport sur Desfontaines, où ce dernier paraît sous un jour très peu flatteur (Boivin, p.65). Hérault décida en conséquence de ne lui accorder aucun secours (ibid.).

(2) La dernière lettre parut en avril 1732; la collection forme trois volumes, plus quatre lettres brochées ensemble, et fut publiée par Chaubert.

(3) A propos de la *Bibliothèque française*: *Le Nouvelliste du Parnasse*, vol.I, p.256.

(4) *Ibid.*, pp.258-259.

(5) A propos du *Journal littéraire de la Haye*: *Le Nouvelliste du Parnasse*, vol.I, pp.284-285.

aucune critique directe. [...] Quand un Auteur s'est trompé, on le
reprend honnêtement, & lorsqu'il y a du ridicule dans un livre on
le tire avec tant de circonspection que l'Ecrivain peut seulement
se le reprocher à lui-même(1).

Cet éloge témoigne des qualités que Desfontaines aurait voulu montrer,
plutôt que de celles qu'il montre en effet, comme on le verra. Sa propre
manière, il la définit dans la douzième lettre:

Notre but n'a jamais été de faire des extraits des livres
nouveaux; nos lettres sont destinées à des réflexions sur les
ouvrages d'esprit [...]. Ce n'est pas sans raison que nous avons
choisi le genre épistolaire, outre que le stile est libre & aisé,
certains tours qui lui sont familiers, donnent de l'éclat & de la
vivacité aux réflexions [...]
Pour assortir le caractère du style & des réflexions, il
faut que la critique soit un peu hardie [...](2).

Le Nouvelliste ne montre jamais une hostilité ouverte envers
Voltaire, et il loue même souvent ses ouvrages: par exemple, il parle
d'une manière très favorable de *La Henriade*(3), qu'il avait tant
critiquée six ans auparavant dans l'*Apologie*, et de l'*Histoire de Charles
XII*(4). Mais il imprime une longue lettre contre Voltaire, écrite par un
défenseur des tragédies de Campistron, que Voltaire avait, dit-il,
attaquées dans un pamphlet de 1723(5); il est dit dans la lettre que les
jugements de Voltaire sont 'faux', que le style de ses propres tragédies
est 'faible', et 'qu'un peu de modestie ne lui siérait pas mal'.
Desfontaines imprima bien entendu la réponse de Voltaire(6), car cela
faisait bon effet, mais le mal était sans doute fait dans l'esprit de
Voltaire.

Le Nouvelliste du Parnasse cessa de paraître en mars 1732, par
suite d'un arrêt du Conseil d'état (Morris, pp.47-48). Dans l'éloge
qu'il en fait dans le premier tome du *Pour et contre*, l'abbé Prévost fait
entendre que Desfontaines n'a pas respecté les justes bornes que doit
avoir la liberté 'pleine de douceur & de modération' accordée à la presse

---

(1) Ibid., p.254.

(2) Ibid., pp.278-279.

(3) Lettre 13, vol. I, pp.306-310; voir la note aux 11.41-45.

(4) Lettre 47, vol.III, pp.358-360.

(5) Vol.II, pp.39-47 = Best. D 412.

(6) Vol.II, pp.218-235 = Best. D 415.

par le gouvernement(1).

Desfontaines se serait retiré, après le retrait de son privilège, dans sa cure de Normandie (Morris, p.49). Un coup d'oeil jeté sur sa bibliographie montre qu'il n'a presque rien publié entre 1732 et 1735(2), sauf peut-être une critique du *Temple du goût* de Voltaire: voir ma note aux 11.113-114). La production de Voltaire à cette époque est au contraire considérable: *Eriphyle* (mars 1732), *Zaïre* (août 1732), *Le Temple du goût* (janvier 1733), *Adélaïde du Guesclin* (janvier 1734), les *Lettres philosophiques* (avril 1734).

En mars 1735, ayant réussi à obtenir un nouveau privilège(3), 'en récompense des services rendus aux Lettres & à l'Etat', comme le dira la *Préface* de *L'Esprit de l'abbé Desfontaines* (p.xxiii), Desfontaines publie chez Chaubert le premier volume de ses *Observations sur les écrits modernes*. Comme *Le Nouvelliste du Parnasse*, l'ouvrage se présentait sous la forme de lettres hebdomadaires, datées de Paris(4); il ne cessa de paraître qu'en 1743; Desfontaines était aidé par l'abbé Granet, et peut-être par d'autres collaborateurs (Morris, p.103; *Pr.E.DF.*, pp.xxiii-xxiv). L'ouvrage connut bientôt un grand succès: il se vendait

---

(1) *Le Pour et contre*, vol.I, Paris, 1733, pp.5-6. Voltaire crut un moment que *Le Pour et contre* était de Desfontaines (Best. D 626, à Cideville, [1 juillet 1736]), mais il admit bientôt qu'il s'était trompé (Best. D 630, au même, [14 juillet]. Il est pourtant vrai que Prévost permit à Desfontaines de contribuer à son journal (tomes VIII-X, 1736-1737, voir Morris, pp.97-98).

(2) Morris, pp.370-374 et Cioranesco, *Bibliographie de la littérature française du dix-huitième siècle*, t.I, pp.650-652.

(3) Le privilège est imprimé pour la première fois à la fin du tome III (1735), pp.359-360. La page de titre de chaque volume de la série comporte la rubrique: 'Avec Privilege & Approbation'. C'était sans doute une des causes de la haine que Voltaire montrait envers Desfontaines, qui imprimait 'avec privilège' des critiques d'ouvrages de Voltaire pour lesquels celui-ci n'avait pas réussi à en obtenir.

(4) La date imprimée à la fin de chaque lettre, correspond-t-elle à la date de la rédaction, à celle de l'impression, à celle de la distribution, ou à une autre date? C'est ce qu'il serait très utile de savoir, mais ce que je n'ai pu établir avec certitude. Il semble peu probable, étant donné que la date à la fin de chaque lettre est, sauf en période de fêtes, celle d'un samedi, que ce soit la date de l'impression ou de la distribution, puisque dans les deux cas celle-ci aurait été perturbée par la fête dominicale. La date correspond-t-elle à celle de la rédaction, comme il serait normal pour une lettre à un particulier? Cela est possible, mais justement il ne s'agit pas de lettres à un particulier. Je propose l'hypothèse suivante: que la date est celle de la fin de la semaine où parut la lettre, comme c'est le cas pour certains journaux modernes; je tâcherai de justifier cette hypothèse un peu plus loin par des exemples concrets.

à un prix modique (quatre sous la feuille(1)), où Morris voit avec raison la preuve même, et non la cause, de sa réussite (p.141); Desfontaines dit en 1737 que pour répondre à la demande, Chaubert avait été obligé de réimprimer trois fois les sept premiers volumes (note à la lettre 108, 9 mars 1737, vol.VIII, p.68). Les feuilles de Desfontaines étaient, selon la *Préface* de *L'Esprit de Desfontaines*, 'reçues avidement à Paris & dans toutes les Provinces de France, & envoyées dans les Pays les plus éloignés' (p.xxiii). Voltaire prétend que 'l'abbé Desfontaines est l'oracle des provinces', et que ses *Observations* 'se vendent mieux qu'aucun livre' (Best. D 1862, à d'Argental, [9 février 1739])(2). Ce jugement est confirmé par *Le Mercure*, le *'Journal de Trévoux'*, et par les mémoires de Hénault (Morris, pp.139-140). La nouveauté des *Observations* (qu'elles partageaient pourtant avec *Le Nouvelliste du Parnasse*), c'est qu'à la différence des autres journaux de l'époque imprimés en France, elles ne se contentaient pas de donner un extrait ou un résumé de l'ouvrage qu'elles examinaient, mais qu'elles offraient toujours un jugement (Morris, p.107). Desfontaines prétend écrire non en savant, mais en homme cultivé qui s'adresse à d'honnêtes gens (Morris, pp.108-109). Mais assez souvent, il se laisse entraîner par la passion: 'ses jugemens tenoient de tems en tems de la précipitation; [...] la passion lui faisoit franchir les bornes d'une critique modérée' (*Pr.E.DF.*, p.viii).

On aborde maintenant la période de la grande querelle entre Voltaire et Desfontaines, querelle plutôt sourde d'abord, puis ouverte: elle s'engagea dès les premières feuilles des *Observations*, à propos soit de critiques que Desfontaines faisait des ouvrages de Voltaire, soit de certaines indiscrétions. On verra que si Desfontaines critiquait souvent Voltaire, c'est qu'il ne pouvait ne pas en parler: d'abord parce qu'en effet les ouvrages de ce dernier étaient considérés comme importants par le public, ensuite parce que le public était avide de nouvelles concernant le grand écrivain.

Déjà dans sa première lettre, Desfontaines parle du *Temple du goût* sur un ton sarcastique (5 mars 1735, vol.I, pp.5-11); selon *La Voltairomanie*, cette critique n'était qu'un 'léger badinage' (11.113-114). Voltaire ne réagit pas encore publiquement, mais on connaît par la correspondance son jugement privé du nouveau périodique:

les observations de l'abbé des Fontaines sont des outrages qu'il fait régulièrement une fois par semaine, à la raison, à l'équité, à l'érudition, et au goust. Il est difficile de prendre un ton

---

(1) J'emploie le terme *feuille* au sens qu'on lui donnait souvent au XVIIIe siècle, c'est-à-dire celui de numéro ou de livraison (voir par exemple *Le Préservatif*, XXVI, p.38, M., p.385: 'Nombre 8. On m'aporte dans le moment cette feuille'); dans le cas des *Observations*, chaque *feuille* correspondait à une 'Lettre', qui avait 24 pages).

(2) C'est une perte pour l'étude des années 1735-1743 que ce journal n'ait pas été réimprimé au XXe siècle.

plus suffisant et d'entendre plus mal, ce qu'il loue, et ce qu'il condamne.

Et il ajoute: 'Je me repens bien de l'avoir tiré de Bissêtre et de luy avoir sauvé la Greve', plaisanterie qui reviendra bien des fois sous sa plume et qui deviendra de moins en moins plaisante(1). Malgré ce jugement sévère, Voltaire n'avait pas hésité, deux semaines plus tôt, à vouloir utiliser le journal de Desfontaines pour ses propres fins: il écrivit à Desfontaines une lettre où il le priait d'avertir en deux mots le public que l'édition hollandaise de *La Mort de César* avait paru sans son consentement, et qu'elle fourmillait de fautes (Best. D 910, 7 septembre). En écrivant cette lettre, Voltaire ignorait évidemment que Desfontaines venait de faire une critique défavorable de cette pièce, basée sur cette mauvaise édition hollandaise, et qu'elle était déjà ou serait très bientôt sous presse. Desfontaines, ayant reçu la lettre, ne modifia pas sa critique, et, sans doute tout glorieux de pouvoir montrer au public que le grand écrivain correspondait avec lui, imprima à sa suite une partie de la lettre de Voltaire (au lieu d'en donner un résumé comme Voltaire l'en avait prié), y compris l'adresse 'A Cirey'(2). Voltaire, furieux à la fois de la critique de sa pièce, et du fait que l'abbé avait révélé au grand public qu'il séjournait chez Madame du Châtelet, écrivit lettre sur lettre à ses amis de Paris pour dénoncer le procédé de Desfontaines, et pour leur rappeler qu'il avait autrefois tiré ce dernier de Bicêtre (Best. D 922, à Asselin, 4 octobre; Best. D 923, à d'Olivet, même date; Best. D 924, à Thieriot, même date; Best. D 925, à Berger, [*c*. 4 octobre]). Desfontaines dira plus tard (*Observations*, Lettre 108, 9 mars 1737, vol.VIII, p.57; *La Voltairomanie*, 11.115-116), que Voltaire lui avait écrit personnellement pour se plaindre, mais cette lettre n'existe pas ou n'existe plus: on peut supposer qu'un des correspondants de Voltaire avait dit un mot de cette affaire à Desfontaines. En tout cas, ce dernier crut prudent de faire une réparation: il compose avec Thieriot une lettre 'anonyme' qui défend *La Mort de César*; il l'imprime dans les *Observations*, et la fait suivre d'une espèce de rétractation(3). Voltaire lui écrit le 14 novembre pour l'en remercier (Best. D 940). Mais en novembre également paraît dans le *Mercure* une lettre que Voltaire avait écrite à l'éditeur, bien entendu avant de voir la rétraction de Desfontaines, pour se plaindre de la critique de *La Mort de César* parue dans les *Observations*(4).

---

(1) Best. D 915, à Cideville, 20 [septembre] 1735: ces remarques furent occasionnées par le compte-rendu de Desfontaines de l'*Alciphron* de Berkeley dans la lettre 8 des *Observations* (7 mai 1735), vol.I, pp.179-181: voir mes notes aux 11.208-212, 722-724, 729-740, 740-742, et 742-745.

(2) Lettre 27 (16 septembre 1735), vol.II, pp.270-274; voir ma note aux 11.112-113.

(3) *Observations*, Lettre 34, 5 novembre 1735, vol.III, pp.81-90 = Best. D 929; voir ma note aux 11.116-117.

(4) Pp.2384-2386; voir ma note aux 11.121-122.

Desfontaines se tient pour *insulté*, et écrit à Voltaire dans ce sens vers le 5 décembre (Best. D 957; voir *La Voltairomanie*, 11.122-123): sa lettre montre très clairement ce mélange d'amertume et de satisfaction dont il fait preuve lorsqu'il parle de lui-même; il vante notamment ses talents de critique et invite Voltaire à s'y soumettre de bon gré. Desfontaines racontera cette affaire de *La Mort de César* à sa façon dans *La Voltairomanie* (11.112-126).

Un autre incident aggrava encore à cette époque les relations entre Desfontaines et Voltaire. Celui-ci avait écrit une *Epître à monsieur Algarotti*, datée du 15 octobre(1); elle circulait déjà en manuscrit, mais Voltaire ne voulait pas la faire imprimer, car elle faisait des allusions indirectes à sa liaison avec Madame du Châtelet. Selon Voltaire, Desfontaines lui demanda la permission de la publier dans ses feuilles, et Voltaire la lui refusa, au nom de Monsieur et de Madame du Châtelet (voir Best. D 939). Desfontaines la fait paraître quand même dans les *Observations*, sans donner aucune indication de la manière dont il a obtenu cette pièce (Lettre 36, du 19 novembre 1735, vol.III, pp.142-144). Voltaire lui donne à cette occasion l'épithète de 'corsaire', qu'il méritait déjà par sa publication de *La Ligue* et par sa traduction de l'essai sur la poésie épique (Best. D 951, à Thieriot, 30 novembre [1735]); il dit pourtant qu'il ne se plaindra pas de lui(2). Selon Th. Besterman, cet incident 'precipitated the final row' entre Voltaire et Desfontaines (*Voltaire*, p.210): je doute qu'on puisse ainsi isoler un incident entre tant d'autres dans les rapports de ces deux hommes. Mais on peut bien dire que ces rapports se sont sérieusement détériorés vers la fin de 1735.

On s'étonne que Desfontaines semble, dans une lettre à J.-B. Rousseau, faire passer pour un commerce de lettres amicales la correspondance que lui, Desfontaines, avait eue avec Voltaire à propos de *La Mort de César* et de l'épître à Algarotti:

> J'ay eu de grandes querelles à votre sujet, Monsieur, avec Mr de Voltaire, qui est mon ami depuis bien des années. [...] Je voudrois bien être *Le Menager* entre vous deux [...] Pour peu que vous fussiez bien disposé, je me flatte de gagner Mr de V. qui m'eccrit [*sic*] toutes les semaines de Cirey en Champagne (Best. D 944, 20 novembre 1735).

Une lettre de Thieriot permit à Voltaire de faire une comparaison entre l'abbé Desfontaines et l'abbé Prévost, tous deux hommes d'église et tous deux journalistes. Prévost s'était plaint à Thieriot que Voltaire 'has not spoken of me in the best terms of the world' (Best. D 933, octobre/novembre 1735). Thieriot rapporte cette plainte à Voltaire, qui,

---

(1) M. X, pp.296-297: Algarotti, jeune italien qui s'intéressait aux sciences naturelles et qui avait fait un séjour à Cirey en octobre-novembre 1735.

(2) Best. D 972, au même, 26 décembre. Thelma Morris donne une version bien différente de cette affaire, p.54.

voulant sans doute se servir du journal de Prévost à des fins
publicitaires, lui répondit:

> Je fais une grande différence entre luy [Prévost] et l'abbé des
> Fontaines. Celuy ci ne sait parler que de livres, ce n'est qu'un
> auteur et encor, un bien médiocre auteur, et l'autre est un homme.
> On voit par leurs écrits la différence de leurs coeurs, et on
> pouroit parier en les lisant que L'un n'a jamais fait que foutre
> de petits garçons, et que l'autre est un homme fait pour l'amour
> (Best. D 973, 28 novembre [1735]).

Dès le commencement de l'année 1736, Desfontaines était de nouveau
inquiété par la police, mais cette fois il s'agissait de délits
littéraires. Au début du mois de janvier parut un *Discours que doit
prononcer M. l'abbé SEGUY pour sa réception à l'Académie Françoise*,
brochure anonyme qui raillait le fait que Seguy, poète médiocre, mais
prédicateur assez connu, avait pu entrer si facilement à l'Académie, et
qui se moquait de certains académiciens. Une enquête fut instituée pour
découvrir les fauteurs du *Discours*, et les autorités soupçonnèrent
d'abord Desfontaines; il s'éloigna prudemment de Paris, et réussit
finalement, en mai, à les convaincre de son innocence. Par contre, le
libraire Ribou et l'imprimeur Mesniers furent écroués pour avoir publié
ce libelle (voir Ravaisson, pp.169-186, corrigé par Boivin, pp.65-71).
Quand il entendit parler de cette affaire, Voltaire fit le bon apôtre qui
amasse des charbons ardents sur la tête de son ennemi; il écrivit à
Asselin: 'J'aprends que l'abbé des Fontaines est malheureux et dès ce
moment là je luy pardonne. Si vous savez où il est mandez le moy. Je
pouray luy rendre service, et luy faire voir par cette vangeance qu'il ne
devoit pas m'outrager' (Best. D 997, 29 janvier 1736).

On hésite à se prononcer sur la valeur d'un tel *pardon*.
Desfontaines paya mal ce geste, dont il entendit peut-être parler par
Asselin(1). Voici comment. Bien qu'il fût apparemment à la campagne
pendant les premiers mois de l'année 1736, Desfontaines, aidé sans doute
par Granet, continua à faire paraître les *Observations*. Dans la lettre
51 (25 février 1736), il fait mention de la nouvelle pièce de Voltaire,
Alzire, que présentaient les Comédiens français(2). Il est évident qu'il
n'avait pas encore vu la pièce:

> La Tragédie d'*Alzire* par M. de Voltaire a un très-grand
> succès. J'y prends toute la part possible, comme son admirateur
> & son ancien ami [...]. J'aurai soin de vous rendre compte de
> cette piéce au premier jour, & je ferai mes efforts pour en

---

(1) Asselin, selon Voltaire, Best. app. D 54, transmettait à
Desfontaines ses admonestations.

(2) La première représentation eut lieu le 27 janvier, et il y eut
au total 20 représentations entre cette date et le 14 mars. A en juger
par les normes de l'époque, cela constituait, comme le dit Desfontaines,
un grand succès (H.C. Lancaster, *French Tragedy in the Time of Louis XV
and Voltaire, 1715-1774*, Baltimore, Londres et Paris, 1950, p.196).

parler dignement. Je serai le panegyriste de cet illustre
Ecrivain, lorsque je croirai qu'il le mérite; c'est-à-dire que je
le serai presque toujours. Pourrois-je avoir jamais la pensée de
ternir la gloire d'un Auteur qui contribue en son genre à celle de
ce regne? On me mande que les principales beautés de sa nouvelle
Tragédie consistent dans des situations admirables, dans des
surprises bien ménagées, dans des peintures du plus parfaict & du
plus haut coloris, & dans la noblesse des caracteres bien soutenus
[...]. On ajoute que le cinquième Acte est au dessus de tout (pp.
141-142).

Par cet éloge de seconde main, associé à une espèce d'auto-
justification bizarre, Desfontaines vise peut-être à faire amende
honorable pour la publication de l'épître à Algarotti, mais il tarde à
tenir la promesse qu'il a faite. Dans les lettres 52 à 55, point de
nouvelles d'*Alzire*. Dans la 56ᵉ, Desfontaines reproduit les vers
élogieux de Gresset 'Sur la Tragédie d'*Alzire*', 'en attendant', dit-il,
au 'Monsieur' auxquelles les lettres sont censées s'adresser, 'que je
vous fasse part de mes pensées au sujet de ces deux pièces' (31 mars,
vol.IV, pp.255-256): ces 'deux pièces' sont *Alzire*, et une parodie
d'*Alzire*. Desfontaines fait évidemment entendre qu'*Alzire* n'est pas
digne d'un compte-rendu séparé, et que les 'deux pièces' se valent à peu
près. Finalement, ce compte-rendu qu'il avait annoncé deux fois, il ne
le donna jamais. Autant dire: 'D'autres critiques louent la nouvelle
pièce de Voltaire, mais moi je ne le peux pas'(1).

Dans la lettre 51, où se trouvait la première mention d'*Alzire*, et
dans la suivante, datée du 3 mars (vol.IV, pp.121-141 et 145-167),
Desfontaines parla des mémoires de Feuquières qui venaient de paraître,
et dit à ce propos que la victoire des alliés à Spire (1689) était due à
la faiblesse de vue du maréchal de Tallard (Lettre 52, p.165). Cette
affirmation ne plut pas à Voltaire qui, piqué sans doute par le ton des
remarques sur *Alzire* qu'il venait de lire, et par la vanité de
Desfontaines qui osait dire publiquement qu'il avait été son ami, fit
circuler 'dès lors' des copies d'une lettre écrite par un lieutenant
général qui avait été présent au combat et où cette affirmation se
trouvait démentie(2).

La semaine suivante, dans la lettre 53 (10 mars), Desfontaines
rendit compte d'une nouvelle édition de *La Mort de César* (Londres,

---

(1) Desfontaines interprète autrement cette absence de
compte-rendu: 'j'ai parlé avantageusement de la Tragédie d'*Alzire*, sur la
foi de son succès, ne l'ayant pû voir représenter' (*Observations*, Lettre
108, 9 mars 1737, vol.VIII, p.64).

(2) Voltaire, premier mémoire contre Desfontaines, M.XXIII, p.29.
Une copie de cette lettre aurait été portée à Desfontaines par d'Olivet,
à la prière de Voltaire (voir Best. D 1824, Voltaire à Thieriot, 27
janvier 1739). La lettre est imprimée dans *Le Préservatif*, XXIV,
pp.36-37, M., p.384; Desfontaines répond à cet article du *Préservatif*
dans *La Voltairomanie*, 11.311-329.

1736). Il se moque de la préface de cette édition, faite par
Algarotti, laquelle n'est, selon lui, qu'un panégyrique (p.186). La
phrase suivante donne le ton de l'article: 'Le sçavant Italien finit par
un pompeux éloge de la nouvelle Tragédie; situations, caractéres,
intérêt, versification, éloquence, intrigue, tout est digne de ses
loüanges. On reconnoit par tout le langage de la pure amitié' (p.192).
Voilà un langage que Desfontaines ne voulait évidemment plus parler. Il
insinue en même temps que les erreurs de l'édition hollandaise n'étaient
pas toutes dues à l'éditeur, comme le prétendait Voltaire, et il fait
entendre que la nouvelle édition est toujours aussi pleine d'erreurs
(erreurs de versification surtout) (p.189). La rétractation qu'il avait
donnée en novembre 1735, après avoir critiqué la pièce en septembre de la
même année, était maintenant oubliée. Voltaire se plaignit de ce nouvel
affront dans une lettre à La Marre (Best. D 1034, 15 mars 1736). Et dans
une lettre à Cideville, il traite déjà Desfontaines de *monstre* 'qu'il
faudroit étouffer' (Best. D 1044, 25 mars 1736). Suit pourtant une
période de cinq mois où l'on entend moins parler de Desfontaines dans la
correspondance: la raison en est sans doute que Voltaire fait un séjour à
Paris (de mi-avril au début juillet), où il s'occupe surtout de l'affaire
Jore(1), et de la publication d'*Alzire*, et que Desfontaines parle peu de
Voltaire dans ses *Observations* pendant quelques mois. En septembre,
Voltaire renouvelle sa campagne contre Desfontaines, sans qu'on puisse
voir ce qui, dans les *Observations*, a pu provoquer cette rupture de
trêve. D'abord, il fait circuler de nouveau en manuscrit son *Ode sur
l'ingratitude*, avec dix-huit vers contre Desfontaines qu'il avait
précédemment supprimés (Best. D 1146, à Thieriot, 13 [septembre 1736]):

> Quel monstre plus hideux s'avance?
> La Nature fuit et s'offense
> A l'aspect de ce vieux giton [...]
>
> C'est Desfontaines, c'est ce prêtre
> Venu de Sodome à Bicêtre [...]
>
> Il m'a dû l'honneur et la vie,
> Et dans son ingrate furie [...]
> Il outrage son bienfaiteur(2).

Vers la même époque, Voltaire envoie à Maffei la fameuse lettre,
publiée plus tard dans *Le Préservatif*, où il présentait l'ingratitude de
Desfontaines, et à laquelle j'ai déjà fait allusion plusieurs fois:

> *Je ne connoi[s] l'Abbé Guiot des Fontaines que parceque M. Tiriot
> l'amena chez-moi en 1724, comme un homme qui avoit été ci-devant
> Jesuite, & qui par conséquent, étoit un homme d'étude; je le reçus
> avec amitié comme je reçois tous ceux qui cultivent les lettres.*

---

(1) Voir ma note aux 11.52-54 de l'*Avis*.

(2) M.VIII, p.422. Cette ode date de 1735/1736. T. Morris dit que
Voltaire l'envoya à Berger en février 1736 (p.55), mais sans donner de
références ou de preuves à l'appui.

Je fus étonné au bout de quinze jours de recevoir une lettre de lui
dattée de Biscêtre où il venoit d'être renfermé, j'appris qu'il
avoit esté mis trois mois auparavant au Châtelet pour le même crime
dont il estoit accusé & qu'on lui faisoit son procès dans les
formes. J'estois alors assez heureux pour avoir quelques amis
très-puissants, que la mort m'a enlevez. Je courus à
Fontainebleau, tout malade que j'étois, me jetter à leurs pieds, je
pressai, je sollicitai de toutes parts; enfin j'obtins & son
élargissement, & la discontinuation d'un procès où il s'agissoit de
la vie, je lui fis avoir la permission d'aller à la campagne chez
M. le President Berniere mon ami. Il y alla avec M. Tiriot,
sçavez-vous ce qu'il y fit? un Libelle contre moi. Il le montra
même à M. Tiriot, qui l'obligea à le jetter dans le feu; il me
demanda pardon, en me disant que le Libelle estoit fait un peu
avant la datte de Biscêtre; j'eus la foiblesse de lui pardonner, &
cette foiblesse m'a valu en lui un ennemi mortel [...] (Best. D
1147, [*c*. septembre 1736], citée d'après le texte qu'en donne *Le*
Préservatif, XXVII, pp.41-42, M., p.386. Le texte qu'imprime M.
Besterman, pourtant basé sur celui du *Préservatif*, comporte
plusieurs erreurs).

Voltaire écrit dans le même sens le 20 septembre à la *Bibliothèque*
française, où il associe avec raison Desfontaines et J.-B. Rousseau(1),
et à Baculard d'Arnaud (Best. D 1192, 7 [novembre 1736]). Desfontaines
l'avait d'ailleurs irrité à cette époque en révélant au public que
L'Enfant prodigue était de lui, et en en donnant un compte-rendu peu
enthousiaste(2).

A la fin de l'année, Voltaire alla en Hollande. Il faisait savoir
que le but de ce voyage était de surveiller la publication des *Eléments*
de la philosophie de Newton (voir par ex. Best. D 1231, Madame du
Châtelet à d'Argental, 21 [décembre 1736]), mais la raison principale en
était sans doute qu'il voulait se dérober à une éventuelle persécution
provoquée par la parution du *Mondain*. Cette dernière motivation, bien
entendu, il ne l'admettait pas publiquement: Madame du Châtelet, dans une
lettre à d'Argental, dit que Voltaire était 'au désespoir', parce que
Rousseau et Desfontaines avaient mis dans les gazettes qu'il 'fuyait la
prison la plus honteuse'(3). Rousseau ne voyait pas d'un bon oeil son
séjour en Hollande, et, selon Voltaire, l'accusait ouvertement d'athéisme
(par ex., Best. D 1291, à d'Argental, 1 [mars 1737]); il écrivit en tout

---

(1) Best. D 1150; voir, à propos des rapports entre Desfontaines et
Rousseau, ma note aux 11.21-44 de l'*Avis* et aux 11.454-481 de *La*
Voltairomanie.

(2) *Observations*, Lettre 88, 27 octobre 1736, vol.VI, pp.331-336;
voir ma note aux 11.66-67, et Best. D 1208, à Berger, [*c*. 25 novembre
1736].

(3) Best. D 1273, 28 janvier 1737. Dans une note ajoutée au
Mondain en 1752, Voltaire va jusqu'à accuser Desfontaines de l'avoir
dénoncé auprès des autorités, M.X, p.88.

cas à Desfontaines pour l'informer de la conduite que Voltaire avait
tenue aux Pays-Bas (Best. D 1309, 4 avril 1737).

En mars 1737, Voltaire était de nouveau à Cirey; d'abord il
s'efforce de cacher son retour (par ex. Best. D 1306, à Moussinot, 30
[mars]). Il s'occupe de la préparation de ses *Eléments de la philosophie
de Newton*, d'affaires financières, de sa correspondance avec le Prince
Royal de Prusse. On ne trouve guère d'allusions à Desfontaines dans sa
correspondance à cette époque. Peut-être croit-il que l'abbé a été
suffisamment puni de son hostilité par *Le Mérite vengé* du chevalier de
Mouhy, qui parut vers la fin de 1736, et à la rédaction duquel il avait
peut-être pris part. Desfontaines pourtant publie une réplique à cet
ouvrage, et y met en cause Voltaire(1). On a l'impression que dès
environ le mois de mars de 1736, Voltaire a cessé de lire, du moins de
façon régulière, *Les Observations*: la dernière allusion à une lecture de
ce journal, avant 1738, se trouve, sauf erreur, dans la lettre à La Marre
du 15 mars 1736 (Best. D 1034). Sa lettre du 25 (?) novembre 1736, à
Berger, laisse bien entendre qu'il n'a pas lu le compte-rendu de *L'Enfant
prodigue* qu'avait donné Desfontaines le mois précédent (Best. D 1208).

Le fait de cette interruption, sinon sa durée, semble confirmé par
deux lettres du mois de mars 1738. Le 22, Voltaire demande à Thieriot si
Desfontaines continue de donner ses 'malsemaines' (Best. D 1471). Mais
dès le 6 mars il avait prié son agent parisien Moussinot de lui faire
envoyer 'les feuilles des observations, i737' (Best. D 1467), ce qui
indique que la question qu'il posait à Thieriot le 22 mars était une
affirmation et non une vraie question. Les feuilles qu'il a reçues de
Prault (Best. D 1513) en réponse à cette demande faite à Moussinot sont
celles du 23 février 1737 au 15 janvier 1738, qui forment les tomes VIII
à XI. On sait, par une lettre du 30 mai 1738 à Moussinot (Best. D 1512),
qu'il les a reçues avant cette date. Mais on ne sait au juste à quoi
attribuer ce renouveau d'intérêt pour les *Observations*. Un ami lui
avait-il envoyé quelques feuilles récentes? Il est curieux de constater
que, comme par hasard, la lettre du 6 mars à Moussinot précède de deux
jours la date de la lettre 175 des *Observations*, consacrée à un
compte-rendu du commentaire sur les *Principia* de Newton par Leseur et
Jacquier (vol.XII, pp.229-235), compte-rendu qui l'aurait certainement
intéressé, mais qui l'aurait aussi agacé: en effet, Desfontaines, ayant
résumé comme à contre-coeur cet ouvrage consacré à un étranger, finit par
exprimer le souhait

> que quelque Philosophe habile travaille aussi à illustrer, à
> étendre, & à perfectionner les idées de notre grand Descartes.
> Nous nous passionnons pour un Philosophe étranger, tandis que
> nous sommes aujourd'hui indifferens pour le nôtre, qui a pour lui
> la primauté; ce qui en fait de génie décide de la supériorité
> (p.234).

---

(1) *Observations*, Lettre 108, 9 mars 1737, vol.VIII, pp.49-66.
Voir sur cet ouvrage ma note aux 11.116-117.

On ne saurait guère exprimer plus naïvement le nationalisme scientifique qui, en France, militait toujours contre Newton.

La lettre de Voltaire à Thieriot, du 22 mars, porte la même date que la lettre 178 des *Observations*, où il est question d'une comparaison entre l'incident d'une lettre interceptée dans le *Maximien* de La Chaussée, et un incident semblable dans la *Zaïre* de Voltaire, lequel serait, selon l'Observateur, moins bien réussi (vol.XII, p.310). Cette lettre est la seule, toujours sauf erreur, de la série 18 janvier-30 mars (l'actuel volume XII) où il soit question de Voltaire, mise à part une mention faite en passant et qui ne laisse percer aucune hostilité (Lettre 173, 1 mars, p.183)(1). On peut croire, si mon hypothèse concernant la datation des lettres des *Observations* est correcte et que la date de la lettre corresponde à la fin de la semaine où elle fut distribuée (voir *supra*, p.XXVI, n.(4)), que Voltaire avait écrit à Moussinot et à Thieriot respectivement sitôt après avoir reçu les feuilles 175 et 178. Les lettres prenaient normalement, en 1738, entre deux et quatre jours pour aller de Paris à Cirey (voir par ex. Best. D 1463, 24 février 1738, et Best. D 1474, 28 mars [1738]). Donc, dans le premier cas la feuille 175, datée du 8 mars, aurait été mise en vente et envoyée à Voltaire le lundi 3 mars, et lui serait parvenue le 5 ou le 6, provoquant ainsi la lettre à Moussinot. Mais il faut bien admettre qu'il ne s'agit ici que d'une simple hypothèse, et que Voltaire ne souffle mot, dans les deux lettres dont je parle, des feuilles 175 et 178.

Pourquoi Voltaire, alerté soit par la lecture des feuilles 175 et 178, soit par un correspondant qui lui aurait vaguement parlé de Desfontaines, aurait-il voulu voir les feuilles de l'année précédente?

Sans doute voulait-il y lire ce que Desfontaines avait dit de lui, ou noter ce qu'il n'en avait pas dit. Or, les allusions à Voltaire, soit directes, soit indirectes, ne manquent pas dans le tome VIII. La lettre 107 (2 mars 1737) fait une critique sévère de la poésie et du théâtre contemporains. Desfontaines parle bien d''exceptions' qui mitigent quelque peu 'le déplorable état de la République des Lettres', mais il se garde bien de les nommer (pp.25-30): Voltaire aurait pu voir dans cette omission une atteinte à sa gloire. La lettre 108 (9 mars) donne, comme on l'a déjà vu, un compte-rendu du *Mérite vengé*, où Desfontaines dit, entre autres gentillesses, que la haine que Voltaire lui témoignait par 'des invectives grossières & atroces, qui ne deshonorent que leur Auteur passionné', était motivée sans doute par l'admiration que Desfontaines témoignait à J.-B. Rousseau (p.64). Dans la lettre 109 (16 mars) il y a le résumé d'une critique anonyme de *L'Enfant prodigue*, où Desfontaines se plaît à souligner les défauts signalés par le critique, sans vouloir pourtant se rallier entièrement à son point de vue (pp.73-77).

---

(1) Voltaire s'irritera d'un article du même volume, lettre 167, 25 janvier 1738, pp.43-46, où Desfontaines loue un poème écrit contre les déistes: il se moquera de ce poème et de l'article dans *Le Préservatif*, XVI, pp.25-26, M., p.380; je n'ai trouvé, dans la correspondance de Voltaire du début 1738, aucune allusion à cet article; il est donc difficile de dire à quelle date il l'aurait lu.

Finalement, toujours dans le tome VIII, il y a, dans la lettre 112 (30 mars), le compte-rendu d'une nouvelle édition de *La Henriade* (pp.162-168): Desfontaines veut bien admettre que les corrections et les additions qu'y a faites Voltaire donnent au poème 'un nouveau dégré de perfection' (p.162), mais il ajoute malicieusement: 'on a reproché avec quelque fondement à M. de V. de ne pas bien rimer' (p.165).

Dans les tomes IX à XI, il est très peu question de Voltaire, mais Desfontaines parle beaucoup des sciences naturelles. Il n'est pas déraisonnable de supposer que Voltaire voulait voir, dans ces tomes, comment Desfontaines traitait les questions scientifiques, étant donné son propre goût pour la physique et la publication imminente des *Eléments*. Deux allusions surtout l'ont frappé suffisamment pour qu'il s'en moque dans *Le Préservatif*(1). L'hostilité de Desfontaines envers Newton est déjà évidente, par exemple dans le compte-rendu d'un livre sur le feu (lettre 146, 28 septembre 1737, vol.X, pp.259-264).

Voltaire, ayant vu les tomes VIII à XI, dut être assez mécontent de Desfontaines à cause des attaques qu'ils présentaient contre ses oeuvres, et des prétentions scientifiques de l'Observateur. On ne sait pas s'il vit ces tomes avant la fin d'avril, mais il est peut-être significatif que c'est à ce moment-là qu'il fait publier un portrait satirique de l'abbé dans la troisième *Epître sur le bonheur* (ces épîtres sont connus aujourd'hui sous le titre de *Discours en vers sur l'homme*), intitulée 'De l'envie'(2). L'Observateur est décrit comme un 'vil gazetier' à la vue duquel 'Tout fuit, jusques aux enfants, et l'on sait trop pourquoi'; il est 'Méprisable en son goût, détestable en ses moeurs'; c'est un 'Médisant acharné'(3). Desfontaines ne tardera pas à prendre sa revanche.

Dans la lettre datée du 10 mai, au lieu de parler des *Eléments de la philosophie de Newton*, parus au mois d'avril, il ne les mentionne même pas, et préfère faire une revue du *Cours de physique expérimentale* de l'abbé Nollet (Paris, 1738). Nollet était un cartésien, ce qui plut infiniment à Desfontaines: dans le *Cours de physique*, dit-il,

----

(1) *Observations*, Lettre 139, 24 août 1737, vol.X, pp.76-77, référence aux théories de Newton sur la lumière; *Le Préservatif*, XXI, pp.31-32, M., p.383; *La Voltairomanie*, 11.760-768. *Observations*, Lettre 147, 5 octobre 1737, vol.X, pp.275-280, description d'une pompe à eau; *Le Préservatif* XXIII, pp.33-35, M., pp.383-384; *La Voltairomanie*, 11.330-340.

(2) L'approbation de la troisième *Epître* est du 28 avril, M.IX, p.378. Comme le montre M. G. Havens, dans son édition des *Discours en vers sur l'homme* (à paraître dans *The Complete Works of Voltaire*, vol.17), les trois premières *Epîtres* furent composées en 1737-1738, et non en 1734, comme le dit Moland (vol.IX, p.378).

(3) Première version, M.IX, p.398. Les termes de 'vil gazetier' et de 'médisant acharné' sont remplacés par des termes plus anodins à partir de l'édition Ledet de juillet 1738; l'allusion aux enfants est supprimée en 1739, sur les ordres de d'Alembert (Best. D 1910, 27 [février 1739]]); voir éd. Havens, variantes et notes des vers 94, 95 et 102.

Ce ne sont point des systèmes chimériques d'*attraction* substituez vainement à des *tourbillons*, systèmes souvent défendus avec autant d'orgüeil que d'ignorance, par des esprits prévenus & bornez, qui mesurent leur intelligence à leur imagination, & qui sans principes de Physique, sans Géométrie, sans Dialectique même, à la faveur de quelques Commentaires qu'ils ont lûs, & qu'ils croyent entendre, s'erigent en sublimes Physiciens (Lettre 186, vol.XIII, p.141).

Il n'est pas difficile de comprendre que par cette tirade, Desfontaines désignait l'auteur des *Lettres philosophiques* et des *Eléments de la philosophie de Newton* (et derrière lui, l'auteur du troisième *Discours sur l'homme*, auquel il allait répondre plus directement le 4 juin). On peut imaginer l'indignation de Voltaire quand il la lut. Peut-être ne la lut-il pas immédiatement, car le 30 mai il en est encore à demander à Moussinot la série complète des *Observations*, moins les volumes VIII à XI) (Best. D 1512), qu'il avait déjà reçus. On peut pourtant également supposer qu'un correspondant lui avait envoyé la feuille en question, qui bien entendu, ne faisait pas encore partie du tome XIII (12 avril 1738 au 28 juin), ou lui en avait parlé: cette feuille, selon mon hypothèse, lui serait parvenue le 8 ou le 9 mai, et voilà que le 9 mai Voltaire demande à Thieriot de faire comprendre à l'approbateur des feuilles de Desfontaines, l'abbé Trublet, 'combien il sied mal à un honnête homme comme luy de se trouver complice des traits qu'on trouve dans les *observations*' (Best. D 1495)(1). Le 5 juin, il envoie à Thieriot des vers satiriques contre 'le sodomite Desfontaines' qui 'avait osé blasphémer l'attraction':

> Pour l'amour anti-physique(2)
> Desfontaines flagellé
> A, dit-on, fort mal parlé
> Du système newtonique.
> Il a pris tout à rebours
> La vérité la plus pure;
> Et ses erreurs sont toujours
> Des péchés contre nature.

Il envoie également à Thieriot un conte en vers, 'L'abbé Desfontaines et le ramoneur', et demande à son ami de faire voir à Desfontaines les deux poèmes (Best. D 1514).

La 190e lettre des *Observations*, datée du 4 juin, donne un compte-rendu des trois 'épîtres sur le bonheur'. Desfontaines annonce

---

(1) L'approbation, signée par Trublet, est imprimée à la fin de chaque volume, à partir du VIIIe jusqu'au XVIe; les volumes suivants furent approuvés par Maunoir.

(2) Le terme 'amour anti-physique' était utilisé couramment à l'époque pour désigner l'homosexualité; voir D.A. Coward, art. cité, p.233; ici son emploi est particulièrement piquant puisque, selon Voltaire, l'homosexualité de Desfontaines allait de pair avec son antinewtonianisme.

(vol.XIII, p.217) que Voltaire désavoue ces épîtres, mais il est évident
qu'il croit qu'elles sont de lui. Il ne fait bien entendu nulle allusion
directe au portrait que Voltaire avait tracé, dans la troisième épître,
de l'Observateur, mais il dit que cette troisième épître est 'en plus
d'un endroit un Ecrit injurieux, calomnieux, dicté par la malignité & le
ressentiment' (p.218). Il admet qu'il y a 'des vers bien frapez' dans
les épîtres (p.219), mais il croit y voir plusieurs expressions
contradictoires ou impropres (pp.219-226, 230-232); il met en doute
l'orthodoxie de certaines idées sur le bonheur (p.227). Tout cela n'est
que des escarmouches: l'attaque principale (pp.232-234) est dirigée
contre l'anticartésianisme de Voltaire tel qu'il est exprimé dans
certains vers de la seconde épître, intitulée 'De la liberté'. Descartes,
avec ses 'doctes chimères', y disait Voltaire, est 'L'auteur des
tourbillons que l'on ne croit plus gueres' (M.IX, p.392). 'Appartient-il
à l'Auteur [des épîtres]', répond Desfontaines, 'de parler avec si peu de
respect du plus grand homme qu'ait jamais eu la Philosophie [...]?'
Desfontaines veut bien admettre que Newton a expliqué la lumière mieux
que ne l'avait fait Descartes:

> Mais sa Philosophie en général n'a rien de comparable à
> celle du Philosophe François. [...] Ses opinions sur l'essence de
> la matière, sur l'espace, sur le vide & principalement sur
> l'attraction, sont de véritables *chimeres*, empruntées à la vieille
> & méprisable philosophie des Grecs. C'est ce que je promets de
> faire voir dans quelques tems, à l'occasion des *Elémens de la
> Philosophie de Newton, mis à la portée de tout le monde*, par M. de
> Voltaire (pp.232-233).

Voilà le compte-rendu promis encore ajourné, mais on n'a aucune
difficulté à deviner quelle en allait être la teneur:

> Nous ferons voir que Descartes a eu raison de soumettre tous les
> effets de la nature au Mécanisme; au lieu que Newton en admettant
> une autre Méthode, nous a voulu replonger dans le galimathias des
> qualités occultes. [...] Que la Physique de Descartes est unique,
> & que toute autre est insensée: Que les Argumens de Newton,
> d'ailleurs le plus grand de tous les *Philosophes* pour la Physique
> expérimentale, ne servent qu'à prouver notre ignorance [...]; mais
> qu'on n'en peut rien conclure contre le grand système démontré du
> MECANISME DE LA NATURE, dont il ne faut jamais s'écarter. Voilà
> ce qui sera mis *à la portée de tout le monde* (pp.233-234).

Le lendemain de la date de cette lettre, c'est-à-dire le 5 juin,
date à laquelle, selon mon hypothèse, il l'aurait déjà reçue, Voltaire
répond à Moussinot (qui a dû lui faire savoir que le libraire avec lequel
il était en négociation pour l'achat des *Observations* ne voulait envoyer
que la série complète), qu'il peut 'fort bien dépêcher les 13 tomes
d'observations', puisque Prault reprendra les quatre tomes qu'il a
envoyés (Best. D 1513). Il est fort possible que les tomes I à XII (le 5
mars 1735 au 30 mars 1738) soient bientôt arrivés à Cirey, mais Voltaire
n'a pas pu recevoir le XIIIe aussi vite: il n'était pas encore en état de
paraître sous forme de volume, comme je l'ai déjà expliqué. Voltaire a
dû se rendre compte de son erreur car, quand il écrit à Prault pour le
prier de reprendre les quatre tomes qu'il possédait déjà, il lui demande
en même temps de lui envoyer 'les pages des feuilles de ce misérable

Desfontaines' où il serait question de son 'honneur': il s'agit bien de feuilles récentes et qui ne sont donc pas encore reliées en volume (Best. D 1535, 28 juin). Prault a évidemment tardé à envoyer ces feuilles (voir Best. D 1563, à Moussinot, 21 [juillet]). Pourtant Voltaire a dû les recevoir, puisqu'il cite dans *Le Préservatif* une feuille de ce qui allait être le XIIIe volume, et jusqu'à cinq feuilles de ce qui allait être le XIVe (5 juillet 1738 au 27 septembre 1738).

Quand il eut reçu certaines des feuilles qui forment maintenant les tomes XIII et XIV, voilà ce qu'il put y lire qui l'aurait intéressé: 1° La revue des *Epîtres sur le bonheur* (Lettre 190). 2° Lettre 193 (18 juin), dans ce qui constitue maintenant le tome XIII, pp.305-312: un compte-rendu des *Leçons de physique* de Privat de Molières(1). Desfontaines commença son compte-rendu par ces mots: 'Avant d'entreprendre l'examen que je vous ai promis de la Philosophie de Newton, je crois qu'il est à propos de vous rappeler les principes de la Physique de Descartes' (p.305). Les *Elements* furent donc encore une fois écartés au profit de la physique cartésienne. Et dans les mois suivants, Desfontaines allait consacrer jusqu'à 35 pages à ces *Leçons* (Lettres 193, 196, 199, 201, 204, 229, dont les cinq premières ont paru avant le compte-rendu des *Eléments*). 3° Lettre 200 (26 juillet), pp.117-120, où il est question des 'Eclaircissements' donnés par Voltaire à propos des *Eléments*. Desfontaines s'est égayé, dans cette lettre, aux dépens de Voltaire, en déformant presque totalement un article de ces 'Eclaircissements', comme il allait le faire encore dans *La Voltairomanie* (11.215-219 et 341-366). Il préfère évidemment parler des 'Eclaircissements' avant de parler de l'ouvrage auquel ils se rapportent. C'était encore une insulte faite à Voltaire.

Dans la lettre à Prault du 28 juin où il avait été question des feuilles de Desfontaines dirigées contre l'honneur de Voltaire, celui-ci avait dit: 'Il faudra qu'on y réponde'. On voit que la décision d'écrire *Le Préservatif* était déjà prise. Il s'agissait, pour Voltaire, de répondre non seulement aux articles où il était mis en cause, directement ou indirectement (ceux qui concernaient les *Epîtres*, Privat de Molières(2), ou les 'Eclaircissements'), mais à d'autres articles qui n'avaient aucun rapport avec les ouvrages de Voltaire. Celui-ci donnerait ainsi l'impression qu'en réfutant Desfontaines, il vengeait le monde entier des belles-lettres.

Le Preservatif prend la forme d'articles numérotés dont la plupart critiquent une ou plusieurs affirmations faites dans telle feuille des *Observations*: ce plan est pourtant interrompu à l'article XXVII, où est citée la lettre à Maffei. L'ouvrage donne, par la disposition des matières, l'impression d'un certain décousu, mais cette disposition était voulue par Voltaire, car il dit qu'il prend les feuilles de Desfontaines 'sans ordre', 'puisque cet Ouvrage est sans aucune liaison' (XVI, p.25, M., p.380). Il était d'ailleurs de tradition, dans la critique

---

(1) Voir, sur ce cartésien, ma note aux 11.215-217.

(2) Voltaire l'attaque dans le IVe article, pp.8-10, M., p.374.

littéraire, de donner les remarques critiques sans ordre apparent: les exemples les plus célèbres en sont le *Scaligeriana* (1666) et le *Menagiana* (1693). Voltaire va jusqu'à dire que l'ordre du *Préservatif* serait commandé par le fait qu'on lui 'prête' (III, p.8, M., p.373), ou qu'on lui 'aporte dans le moment' (XXVI, p.38, M., p.385), ou qu'il a lu 'par hazard' (I, p.4, M., p.372), les feuilles dont il parle: ces explications semblent se contredire(1), ce qui n'est guère surprenant quand on sait qu'il a fait venir exprès les volumes. Il est évident qu'il veut donner l'impression que *Le Préservatif* a été écrit par un amateur désintéressé, et non pas par un homme indigné, passionné et partial.

La critique de Voltaire tombe sur la presque totalité des feuilles des *Observations* parues jusqu'à l'époque où il écrivait. Pourtant, il parle davantage des feuilles récentes (celles datant de depuis janvier 1737: 12 feuilles citées) que des feuilles plus anciennes (celles datant d'avant janvier 1737: 9 feuilles citées), et les feuilles parues depuis le début du mois de juin donnent presque un tiers des citations (6 sur 21). La lettre la plus ancienne dont il parle est le numéro 8 (7 mai 1735) (XXVI, p.38, M., p.385); et la plus récente est le numéro 202 (XIII, p.22, M., pp.378-379), soit celle du 9 août 1738, date à laquelle il est évident que l'ouvrage n'avait pu être déjà terminé. Voltaire ne fait aucune mention de la lettre 205 (30 août), où il est question du *Newtonianismo per le dame* d'Algarotti (pp.217-229; voir ma note aux ll.764-766), ni, à plus forte raison, des lettres 213 (11 octobre) et 214 (16 octobre), consacrées enfin à un compte-rendu des *Eléments de la philosophie de Newton*, mais dans la nouvelle édition française (vol.XIV, pp.49-67 et 73-89; voir ma note aux ll.55-58)(2). On peut supposer que Voltaire n'aurait pas manqué d'y faire allusion si la rédaction du *Préservatif* n'était pas achevée: c'est donc entre le 9 août (date vers laquelle, selon ma supposition, il aurait reçu la feuille 202), et la fin du mois d'août (date vers laquelle il aurait reçu la feuille 205, dont il ne parle pas) qu'il a terminé cette rédaction.

---

(1) L'exemple le plus flagrant de ces contradictions, c'est qu'il dit dans l'art. XXVIII: 'on m'apporte le nombre 17', p.42, oubliant ainsi qu'il a déjà parlé de ce volume, art. V, p.10, M. p.374; vérification faite, il s'agit, dans l'article XXVIII, non du 'nombre 17', mais du nombre 58 (compte-rendu du théâtre de Maffei avec préface de Becelli). Moland rectifie, p.386, cette erreur, mais on ne sait si elle est due à Voltaire ou à l'imprimeur.

(2) On peut faire plusieurs suppositions pour expliquer le fait que Desfontaines n'a point donné de compte-rendu de l'édition hollandaise: soit (et c'est l'hypothèse la moins probable) qu'il voulût attendre l'édition autorisée par Voltaire; soit, qu'il ne voulût pas risquer de déplaire à son approbateur en parlant d'une édition faite à l'étranger, étant donné qu'une édition française ayant une permission tacite allait bientôt paraître (mais il n'avait pas hésité à parler de l'édition hollandaise de *La Mort de César*); soit, qu'il ne voulût pas en parler du tout, mais qu'il se rendît compte que, vu l'intérêt que le public prenait à cet ouvrage, il ne pouvait plus se dispenser de le faire sans nuire à la réputation de ses *Observations*.

Dans une lettre du 11 octobre, à Thieriot, Voltaire dit: 'Voulez vous bien vous charger d'envoyer ce paquet au chevalier de Mouhi' (Best. D 1625). Selon Moland (XXXV, p.48, n.1), ce paquet était le manuscrit du *Préservatif*. M. Besterman dit à propos de cette affirmation de Moland que cela est possible, mais non prouvé (même lettre, comm.2). Je dirais plutôt que cela est peu probable, étant donné que l'ouvrage était terminé avant la première semaine de septembre, et qu'il parut, comme on le verra, vers le début de novembre: il est possible pourtant que ce paquet ait contenu l'estampe du *Préservatif*, que Voltaire avait probablement fait faire lui-même. Il est également peu vraisemblable que 'le petit paquet' que Mouhi devait donner à Moussinot au début de décembre pour qu'il l'envoie à Voltaire, renfermât des exemplaires du *Préservatif*, comme l'affirme pourtant M. Besterman (Best. D 1674, et comm.4), à moins qu'il ne s'agisse d'un second paquet d'exemplaires, car Madame de Graffigny affirme avoir vu *Le Préservatif* le 5 décembre - il s'agit bien de l'imprimé, puisqu'elle le qualifie de 'brochure' (Best. D 1677).

En fait, *Le Préservatif* est sorti des presses à la fin d'octobre ou au début de novembre(1). La première mention directe de l'ouvrage dans la correspondance est dans une lettre de Voltaire du 27 octobre à d'Argental (Best. D 1638), d'où on devine qu'il a déjà envoyé ou fait envoyer le libelle à son ami. Comme c'est son habitude, il en nie la paternité; cependant il revendique celle de sa lettre à Maffei, qui en fait partie. Desfontaines, dans son placet contre Voltaire du 7 février 1739, affirme que le libelle est paru 'au commencement du Mois de Novembre dernier' (Best. app. D 53). Cela est confirmé par ce qu'il dit dans *La Voltairomanie* (11.67-70): 'depuis même la publication de son injurieux Libelle, il [l'Observateur] a parlé de sa Tragédie de *Zaïre*, avec une politesse & une honnêteté [...]'. Cette défense de *Zaïre* contre les critiques de Fuselier parut dans la 218e feuille, qui est datée du 8 novembre. Il est très douteux que Desfontaines ait vu *Le Préservatif* avant d'écrire cet article, malgré ce qu'il dit de son 'Stoïcisme' (1.70), car on peut croire qu'il l'aurait retirée s'il l'eût pu, ayant vu le libelle de Voltaire. On doit comprendre qu'il l'a écrit avant de voir *Le Préservatif*, et qu'il n'a pas eu le temps de le retirer quand *Le Préservatif* parut. Voici donc un schéma hypothétique des événements, qui tient compte de ma supposition concernant la date de la parution des lettres: 1[o] A la fin d'octobre, Desfontaines écrit sa défense de *Zaïre*. 2[o] Le 1 ou 2 novembre, Chaubert fait imprimer par J. Bullot, son imprimeur(2) la feuille 218, datée du samedi 8 novembre, où paraît cette défense; en même temps, sort *Le Préservatif*. 3[o] Le lundi 3 novembre environ, la feuille 218 est mise en vente. *Le Préservatif* est venu à l'attention de J.-B. Rousseau avant le 14 novembre, puisqu'il en parle dans sa lettre de cette date (11.456-481 de *La Voltairomanie*).

Voltaire est-il l'auteur du *Préservatif*? Cela ne semble guère douteux, et pourtant il nie constamment l'avoir composé (voir par ex. Best. D 1665, à Thieriot, 24 [novembre 1738] et Best. D 1795, au même, 18

---

(1) Morris affirme à tort, p.57, qu'il parut vers le milieu de 1738.

(2) Le nom de l'imprimeur se lit à la p.360 du tome XV.

janvier 1739]). Mais ce désaveu est dicté par la prudence. Il est possible, pourtant, que, comme il le dit dans une lettre à Moussinot, le chevalier de Mouhy ait ajouté quelques phrases ou quelques paragraphes sur 'L'original du préservatif' (Best. D 1819, à Moussinot, 26 [janvier]). Il est certain que Voltaire avait demandé à Mouhy de faire publier l'ouvrage, en lui en abandonnant les bénéfices, car il dit dans la même lettre que Mouhy 'a gagné au préservatif'.

L'estampe servant de frontispice au *Préservatif*, laquelle montre la flagellation de Desfontaines à Bicêtre, et qui est imprimée au-dessus de 8 vers dirigés contre l'abbé (voir p.XLIII), est sans doute due aux instructions de Voltaire. Bien entendu, dans une lettre à d'Argental du 2 avril 1739, il affirme, contre Desfontaines qui l'accusait de l'avoir fait graver: 'M'en accuser, c'est une nouvelle calomnie'; il dit également: 'l'estampe a été dessinée à Vérone, gravée à Paris, et l'inscription est à peine française', mais de telles précisions, vraies ou fausses, ne font guère croire qu'il n'en fût pas responsable (Best. D 1962). Il avait à Cirey des exemplaires non reliés d'une 'estampe maligne' (c'est sans doute celle du *Préservatif*), que, selon Madame de Graffigny, il était allé chercher dans un tiroir pour les lui montrer (Best. D 1686, 12-15 décembre 1738). D'ailleurs il admet presque à elle qu'il a eu part dans ce 'portrait': 'C'est lui', dit-elle,

> qui fait faire les estampes, et qui fait les vers qui sont au bas:
> je ne fais pas semblant de le savoir, mais il tournaille autour de
> moi pour me le faire entendre, et n'ose pourtant le dire tout à
> fait (Best. D 1700 [?20 décembre]).

Une lettre de Saintard à Voltaire fait savoir à celui-ci que dès que *Le Préservatif* eut paru, Desfontaines protesta auprès du chancelier d'Aguesseau, en nomma l'auteur, et obtint la permission de faire publier une réponse (Best. D 1858, 6 février 1739): ce sera *La Voltairomanie*, qui est datée du 12 décembre 1738: Desfontaines aurait donc mis un mois environ à la composer, à moins qu'on n'admette, avec M. Besterman, qu'il avait préparé d'avance sa réponse (*Voltaire*, p.205, sans références). On ne sait pas si cette date du '12 décembre' est celle de la fin de la rédaction, ou celle de l'achevé d'imprimer. La seconde hypothèse est la plus probable, car, selon Voltaire, l'ouvrage était en vente le 14 décembre (Best. D 1735, à Thieriot, 2 janvier 1739). Bien que la page de titre de *La Voltairomanie* ne donne pas le nom de l'éditeur, on peut croire que ce fut Chaubert qui l'imprima: 1° A la l.396, il est dit que la traduction de Desfontaines de l'essai sur la poésie épique est 'imprimée chez Chaubert': cette information n'a nulle place dans un ouvrage polémique, et il semble bien qu'elle ait été ajoutée par Chaubert ou pour lui plaire. 2° La lettre de Saintard, Best. D 1858, fait mention de l''imprimeur' de Desfontaines comme celui qui imprimerait la réponse de l'abbé. 3° Voltaire, qui sait que Chaubert a vendu le libelle, laisse entendre qu'il en était aussi l'imprimeur (Best. D. 1833, à Moussinot, 29 [janvier]). Le prix du libelle, en colportage, était de 12 sous (Best. D 1811, Bazin à Hérault, 21 janvier 1739).

On ne peut pas dire que *La Voltairomanie* soit un ouvrage bien composé. Elle commence par une attaque contre la personne de Voltaire et contre *Le Préservatif* (ll.13-34), suivie de réflexions critiques sur ses autres ouvrages (ll.35-60), que termine une attaque renouvelée contre sa

Jadis Curé, Jadis Jesuitte,
Partout conu, partout chassé.
Il devint auteur parasitte.
Et le Public en fut lassé.

Pour réparer le temps passé
Il se déclara Sodomitte,
A Bissetre il fut bien fessé.
Dieu récompense le méritte.

FLAGELLATION DE DESFONTAINES A BICETRE

Gravure anonyme (voir Introduction, p.XLII)

(Frontispice de l'édition Neaulme du *Préservatif*. Bibliothèque
Nationale, cote Zz 4072)

personne (11.60-99). Commence alors la réfutation de la lettre à Maffei, parue dans *Le Préservatif* (11.100-160), et celle d'autres accusations personnelles faites dans le même libelle (11.161-205). Ensuite, Desfontaines répond à des critiques littéraires qu'avait faites Voltaire, et griffe en passant plusieurs ouvrages de celui-ci (11.206-265). Il revient alors à d'autres allégations faites dans la lettre à Maffei (11.266-295), et à la question de savoir si Voltaire est l'auteur du *Préservatif*, question à laquelle il avait déjà répondu aux lignes 13-14 (11.296-310). Puis ce sont de nouveau des questions littéraires (11.311-386), suivies d'un examen de la traduction de l'essai sur la poésie épique (11.387-396), et d'une défense de sa propre érudition qui consiste surtout en une attaque contre celle de Voltaire (11.397-434). Soudain, Desfontaines se rappelle qu'il n'avait pas eu l'intention 'de répondre à la Littérature du Libelle' (11.435-439), et tâche de réjouir son lecteur en citant des attaques en vers et en prose faites par Rousseau et par Saint-Hyacinthe contre Voltaire (11.439-577). Enfin il revient pour la troisième fois aux 'points Littéraires' (11.578-796), avant d'attaquer dans la péroraison d'autres ennemis dont Voltaire, selon lui, aurait copié les critiques (11.797-802), et de brosser un portrait humiliant de Voltaire (11.802-830). On voit que Desfontaines n'est pas arrivé à séparer, par une composition appropriée, critiques personnelles et critiques littéraires. Il est vrai que *Le Préservatif* n'avait pas non plus une structure logique, mais Voltaire y suppléait par la division en articles; il semble que Desfontaines aurait dû suivre *Le Préservatif* article par article, soit composer une oeuvre logiquement ordonné: il n'a fait ni l'un ni l'autre, et c'est une des raisons de malaise que l'on ressent à lire *La Voltairomanie*.

Une autre cause de ce malaise, c'est que le ton du libelle est plutôt acerbe que plaisant, et que Desfontaines perd beaucoup à ne pas imiter la politesse hypocrite qu'avait montrée Voltaire dans *Le Préservatif*: des expressions telles que 'Chien rogneux' (*Avis*, 1.50), 'l'infâme Ecrit' (*Voltairomanie*, 1.13), le 'mérite [...] d'un Violon' (11.25-26), 'honteuses bassesses' (1.62), 'sot orgueil' (11.823-824), 'fou ... impie ... téméraire ... brutal ... fougueux ... décisif ... détracteur ... calomniateur ... enragé' (11.824-826), ne servent qu'à nous prévenir contre Desfontaines, sans nous convaincre nullement. Un autre défaut, causé peut-être, comme le recours aux injures, par la passion de Desfontaines, c'est son style irrégulier: un 'Plagiat scholastique' (note à la 1.41) ne veut rien dire de précis, non plus que des 'recherches dangereuses' (1.53); l'expression 'inconsidérément & indignement maltraité' (1.160) contient un pléonasme; la répétition 'solidement', 'solide' (11.215-216) témoigne de la précipitation de l'auteur ou de son manque de sens stylistique. Desfontaines utilise incorrectement les adverbes 'également' et 'tantôt' (*Avis*, 1.59-60, et 65-67). M. Besterman va sans doute trop loin en traitant *La Voltairomanie* de 'poubelle' (*Voltaire*, p.205), mais on ne peut pas dire que ce soit un ouvrage d'un mérite littéraire certain.

La Voltairomanie parut sans nom d'auteur: cela est bien compréhensible, puisque Desfontaines n'avait qu'une permission tacite pour sa réponse. Mais pourquoi se fait-il passer pour 'un Jeune Avocat' (titre, 1.iv)? D'abord, sans doute, parce qu'il s'était déjà servi de ce déguisement dans un ouvrage antérieur, l'*Eloge historique de Pantalon-Phoebus*, paru dans l'édition de 1728 du *Dictionnaire néologique*.

Cet éloge est attribué à 'un jeune avocat de province': ceux qui
connaissaient ses ouvrages auraient reconnu peut-être cette
signature(1). Puis le fait qu'un avocat aurait écrit ce libelle lui
donnait peut-être un certain prestige: mais il faut dire que peu de
personnes seraient trompées par la fausse attribution.

La Voltairomanie est arrivée à Cirey vers le 26 décembre, car ce
jour-là Madame du Châtelet avoue à d'Argental qu'elle vient d'intercepter
un exemplaire du libelle que La Marre avait envoyé à Voltaire, et qu'elle
le cache à sa vue (Best. D 1712, 26 [décembre]; voir aussi Best. D 1723,
au même, 29 décembre). Selon M. Besterman, Voltaire avait déjà vu La
Voltairomanie le 6 décembre (Best. D 1712, comm. 1); mais la lettre qu'il
cite comme preuve de son affirmation concerne non La Voltairomanie mais
Le Préservatif(2). Dès le 31 décembre, dans une lettre à d'Argental,
Madame du Châtelet, qui n'a toujours pas avoué à Voltaire avoir vu La
Voltairomanie, dit envisager d'y faire une réponse (Best. D 1727)(3).
Dans la même lettre, elle dit avoir écrit à Thieriot une admonestation
'de la bonne encre' pour obtenir de lui un désaveu complet de
l'affirmation qui se trouvait aux lignes 285-287 du pamphlet de
Desfontaines, selon lesquelles Thieriot aurait récemment nié avoir fait
savoir à Voltaire, en 1726, que l'abbé avait fait contre lui un libelle
l'année précédente. La réponse de Thieriot est extrêmement évasive: il
admet que Desfontaines lui avait montré un libelle à La Rivière-Bourdet,
mais il prétend ne pas se souvenir de la date ni du titre, et ne donne
même pas à entendre qu'il fût de la main de l'abbé (Best. D 1728, 31
décembre). Cette réponse allait faire couler beaucoup d'encre à Madame
du Châtelet et à Voltaire.

Quand Voltaire vit-il donc La Voltairomanie? La lettre Best. D
1702, datée du 22 décembre, semble nous donner la réponse. Voltaire y
écrit à Berger que Desfontaines 'a enfin obtenu ce qu'il voulait',
c'est-à-dire lui 'ôter l'amitié de Tiriot': c'est sûrement une allusion
aux lignes 285-287 de La Voltairomanie. Voltaire aurait donc vu La
Voltairomanie avant même que Madame du Châtelet ne l'eût interceptée.
Or, selon E. Showalter (art. cité, pp.186-189), il n'en est rien, puisque
la date en tête de Best. D 1702 est érronée: Showalter note que le texte
de la lettre a été établi d'après une source imprimée relativement
tardive, et en conclut que cette date n'est donc pas certaine; et il fait
remarquer que la phrase où Voltaire accuse Desfontaines de lui ôter
l'amitié de Thieriot, ressemble beaucoup à une phrase de la lettre Best.
D 1735, écrite sûrement le 2 janvier 1739. Best. D 1702 serait donc
contemporaine de Best. D 1735, et Voltaire n'aurait donc vu La
Voltairomanie que le 2 janvier. A l'appui de son hypothèse, Showalter

---

(1) L'Eloge historique est attribué aussi à J.J. Bel.

(2) Best. D 1679, Voltaire à Thieriot, 8e paragraphe; E. Showalter
a déjà fait voir l'inexactitude de cette affirmation de Besterman,
'Sensibility at Cirey', Studies on Voltaire, vol.135 (1975), p.187.

(3) Cette réponse ne fut pas publiée, mais on peut la lire à la fin
du Ve volume de la correspondance de Voltaire, Best. app. D 51.

cite la lettre Best. D 1761 (10 [janvier 1739]), où Voltaire dit à
Thieriot que Madame du Châtelet a eu 'très grand tort' de lui avoir
'caché tout cela [c'est-à-dire *La Voltairomanie*] pendant 8 jours'; et il
ajoute: 'C'est retarder de 8 jours mon triomphe'. Ces huit jours
seraient la période 26 décembre-2 janvier. Cette lettre semble prouver
du moins que Voltaire ne reçut pas lui-même, contrairement à
l'affirmation de M. Besterman, un exemplaire de *La Voltairomanie* avant le
26 décembre; elle semble prouver aussi qu'il vit ce libelle pour la
première fois vers le 2 janvier, et que ce fut Madame du Châtelet qui le
lui montra. Mais cette dernière supposition ne cadre pas totalement avec
la lettre Best. D 1738 (3 janvier), où Madame du Châtelet fait entendre à
d'Argental que *La Voltairomanie* est parvenue entre les mains de Voltaire
malgré les précautions qu'elle avait prises. Cependant on peut bien
croire que Madame du Châtelet ne présente pas à d'Argental les faits
d'une manière exacte. L'hypothèse de Showalter est donc bien tentante,
et elle semble recevoir une confirmation par le grand nombre de lettres
que Voltaire écrivit vers le 2 janvier au sujet de *La Voltairomanie*.

En effet, les premières allusions directes que Voltaire fait à *La
Voltairomanie* se trouvent dans une lettre à Burigny (Best. D 1732, [*c.* 2
janvier 1739]), et dans une lettre à d'Argens (Best. D 1733, 2 janvier):
c'est 'un libelle diffamatoire si horrible qu'il a excité l'indignation
publique contre l'auteur, et la bienveillance pour l'offensé' (Best. D
1733). Le 2 janvier encore, il écrit à Thieriot pour lui citer sa propre
lettre du 16 août 1726 (Best. D 300), et pour l'exhorter au nom de
l'amitié à donner un démenti aux affirmations injurieuses de Desfontaines
(Best. D 1736). Le 3 janvier enfin, Madame du Châtelet dans la lettre
dont j'ai parlé, dit avoir appris que Voltaire a vu *La Voltairomanie*, et
lui fait promettre de n'y répondre que sur les faits, sans 'mesler ni
injures ni reproches' (Best. D 1738). Voltaire apprend vers la fin de
janvier qu'on imprime 'actuellement en Hollande' la seconde édition de *La
Voltairomanie*, et qu'il 's'en est vendu 2000 exemplaires en i5 jours'
(Best. D 1837, à d'Argental, 30 [janvier]). Si cette information, qu'il
prétend lui avoir été donnée par un ami (Du Sauzet?) est correcte, la
seconde édition aurait été mise en vente vers la mi-janvier. Voltaire
dit dans la même lettre avoir peur qu'on n'imprime *La Voltairomanie* 'à la
tête de ses oeuvres' - c'est en un sens ce qui est arrivé, puisque dans
la seconde édition du libelle de Desfontaines *Le Préservatif* se trouve 'à
la tête' de *La Voltairomanie*. Dans une autre lettre, Voltaire dit qu'il
croyait que J.-B. Rousseau était responsable de cette seconde édition
(Best. D 2019, à d'Argental, 28 mai).

L'affaire prend des proportions énormes, jusqu'à occuper,
semble-t-il, la majeure partie du temps de Voltaire pendant trois mois.
Voilà un résumé des divers éléments de cette campagne que Voltaire mena
alors contre Desfontaines.

1° Voltaire tâche d'obtenir le désaveu de Thieriot. Celui-ci se
voit reprocher (Best. D 1758, 9 [janvier]) sa 'malheureuse lettre dictée
par la politique', c'est-à-dire celle qu'il avait envoyée à Madame du
Châtelet (Best. D 1728), et son silence envers Voltaire son ami (Best. D
1761, 10 [janvier]). Thieriot lui répond enfin le 14 janvier: il
proclame son amitié 'pure' et 'désintéressée', lui fait entendre que les
reproches dont Voltaire l'accable sont imméritées, et ne donne aucun
démenti (Best. D 1777). Voltaire alors lui fait écrire par Madame de

Champbonin (Best. D 1788, 16 janvier), et par Frédéric (Best. D 1823, 26 janvier, et Best. D 1973, 10 avril), et demande à d'Argental de lui parler (voir Best. D 1808, 21 [janvier]). Mais Thieriot fait la sourde oreille; il n'a jamais écrit la lettre qu'on lui demandait pour démentir les affirmations de Desfontaines concernant le 'libelle' de 1725. Il s'en justifie dans deux lettres étonnantes au Prince Royal de Prusse, où il dit qu'il n'y a pas eu de querelle entre lui et Voltaire, et que Voltaire ne lui a jamais fait savoir avec précision ce qu'il voulait qu'il écrive (Best. D 2003, 4 mai, et Best. D 2012, 11 mai): on ne sait guère si ce refus était motivé par la paresse, par l'incompréhension, ou par une certaine loyauté envers Desfontaines. Chose plus étonnante encore, Voltaire ne retire pas pour longtemps son amitié à Thieriot, et continue de se servir de lui comme agent littéraire à Paris.

2° Voltaire prépare des mémoires contre Desfontaines: le premier, c'est le *Mémoire du sieur de Voltaire*, daté du 6 février, et imprimé par Neaulme (M.XXIII, 27-45). Le second, le *Mémoire sur la satire à l'occasion d'un libelle de l'abbé Desfontaines*, ne paraît pas avoir été imprimé à l'époque(1), mais circulait en manuscrit (M.XXIII, pp.47-64). Le *Mémoire du sieur de Voltaire* est en deux parties, dont la première traite des aspects littéraires de la querelle, la seconde des allégations personnelles faites par Desfontaines. Le *Mémoire sur la satire* prend la forme d'un examen historique du genre, suivi d'une attaque de six pages contre les procédés de Desfontaines. Il est très souvent question de ces *Mémoires* dans la correspondance de Voltaire entre les mois de janvier et de mai 1739, mais il est difficile, sinon impossible, de savoir auquel des deux *Mémoires* Voltaire et Madame du Châtelet font allusion quand ils en parlent. Ces deux *Mémoires* ont certainement subi de nombreuses révisions, à la suite de remarques de d'Argental. Bien que le *Mémoire du sieur de Voltaire* porte la date du 6 février, il est douteux qu'il ait paru alors, car dans une lettre à d'Argental du 7 mai, Madame du Châtelet dit que Mouhy a chez lui 'deux différentes Editions du mémoire de m^r de V.', qu'attend impatiemment le libraire; elle ajoute qu'elle tâche de les retirer d'entre ses mains moyennant un paiement de 300 livres (Best. D 2006). Thieriot prétend que le premier mémoire 'n'est pas plus approuvé de ses amis que des indifférents' (Best. D 2012, à Frédéric, 11 mai), mais il avait ses raisons pour porter sur lui un jugement défavorable.

3° Comme la page de titre de *La Voltairomanie* donnait à entendre que c'était l'ouvrage d'un 'Jeune Avocat', et que cette fiction était maintenue à divers endroits du libelle (11.1-12, 195), Voltaire crut qu'il serait de son intérêt de faire obtenir du *bâtonnier* des avocats (c'est-à-dire de leur doyen) un certificat attestant qu'aucun membre de leur ordre n'aurait été assez lâche pour avoir écrit un tel libelle (Best. D 1830, à Moussinot, 28 [janvier]). Après bien des efforts de la part de Voltaire, celui-ci reçoit enfin d'un avocat nommé Pageau, qui était loin d'être le plus ancien, une lettre qui lui assure que 'Messieurs les avocats' n'ont réagi que par 'un cri de blasme et

---

(1) S'il l'a été, il n'en reste pas d'exemplaires; il a été imprimé pour la première fois dans l'édition de Kehl.

d'indignation' contre *La Voltairomanie*, mais qui lui fait entendre qu'il serait ridicule de faire convoquer l'assemblée des avocats chaque fois qu'une brochure paraissait sous 'le nom Vague d'un avocat' (Best. D 1873, 12 février). Desfontaines était sans doute bien amusé de voir que Voltaire prenait tant au sérieux cette attribution qui n'était qu'un jeu.

4° Voltaire veut obtenir de Saint-Hyacinthe un désaveu de la *Déification du Docteur Aristarchus Masso*, dont Desfontaines avait cité un passage où il est question d'une bastonnade infligée à Voltaire(1). Celui-ci en parle dans des lettres à Lévesque de Burigny, à Berger, à d'Argental (Best. D 1732, [*c.* 1 janvier], et Best. D 1845, 4 février; Best. D 1751, 8 janvier; Best. D 1842, 2 février, lettre de Madame du Châtelet), et à d'autres encore. Saint-Hyacinthe refuse de faire ce que Voltaire demandait. Il consent finalement à écrire une lettre où il déplore que Desfontaines l'eût cité dans *La Voltairomanie*, et fait entendre que la *Déification* est un 'ouvrage d'imagination' n'ayant aucune application particulière (Best. D 2001, à Lévesque de Burigny, 2 mai)(2). Cette lettre (Best. D 2006, Madame du Châtelet à d'Argental) ne donna pas entière satisfaction à Voltaire, mais il dut s'en contenter.

5° Voltaire veut traduire en justice Desfontaines. Il en est question dès le début de janvier (par ex. Best. D 1746, à d'Argental, [*c.* 6 janvier]); Madame du Châtelet, qui craint qu'un procès contre Desfontaines n'éclabousse Voltaire, lui fait promettre de se soumettre aux conseils de d'Argental, à qui elle écrit souvent elle-même à propos de cette affaire (par ex. Best. D 1763, 10 janvier). Voltaire, qu'elle a toutes les difficultés au monde à retenir, prend entre temps certaines mesures destinées à faciliter les poursuites éventuelles: il fait constater devant un commissaire la vente de *La Voltairomanie* (par ex. Best. D 1760, à Moussinot, 10 [janvier]); il compose un placet (Best. app. D 54) qu'il envoie à Hérault (Best. D 1894, 20 février), afin de le prier de faire peser son autorité sur Desfontaines pour en tirer un désaveu de son libelle; il fait circuler des copies de la lettre de Thieriot du 16 août 1726 (Best. D 300), et de celle de Madame de Bernières (Best. D 1759), qui serviraient de réfutation à certaines des allégations de Desfontaines; il tâche de persuader les gens de lettres insultés à la fin du libelle: Pitaval et Mouhy (11.800-801), Procope et Andry (1.802, note), par exemple, à présenter une 'requête' contre Desfontaines qui ferait commencer les procédures (par exemple, Best. D 1898, à Moussinot, 21 [février]); il veut de même que certains membres de sa famille, insultés par la remarque à propos de l'origine paysanne des Arouet (note de Desfontaines à la ligne 107), présentent une requête (par exemple, Best. D 1892, à d'Argental, 19 et 20 [février]); il finira par abandonner cette idée (Best. D 1987, Madame du Châtelet à d'Argental, 20 [avril]); il laisse entendre qu'il a la 'preuve par écrit' que *Le Préservatif* n'est pas de lui (Best. D 1818, à d'Argental, 25 janvier): cette précaution était nécessaire, puisque *Le Préservatif* était un

---

(1) Ll.494-543; voir sur cet ouvrage ma note aux 11.485-488.

(2) Voir, sur les rapports entre Voltaire et Saint-Hyacinthe, ma note aux 11.488-489 de *La Voltairomanie*.

libelle injurieux tout comme *La Voltairomanie*; il veut faire exhiber les documents ayant rapport à l'incarcération de Desfontaines en 1725 (Best. D 1819, à Moussinot, 26 janvier)(1).

D'Argental conseille à son ami d'éviter ce procès qui risque de faire autant de mal à Voltaire qu'à Desfontaines (voir par ex. Best. D 1896, Voltaire à d'Argental, 21 février); mais Voltaire a, selon l'expression de Madame du Châtelet, 'la fureur d'un procès criminel': il envoie une procuration à Moussinot, mais il aurait préféré aller à Paris afin de s'occuper plus efficacement de cette affaire; elle doit exercer tout son pouvoir, et faire appel à celui de d'Argental, pour faire échec à cette dernière proposition qui la priverait de son ami (Best. D 1940, à d'Argental, [*c.* 15 mars]). Entre temps, Desfontaines, de son côté, porte plainte contre l'auteur du *Préservatif* (Best. app. D 53).

Hérault adopte l'idée que Voltaire avait proposée dans son placet: celle d'un désaveu; mais au lieu de l'obtenir du seul Desfontaines, il veut que les deux parties fassent un désaveu réciproque, et que ces désaveux soient publiés. Voltaire refuse d'abord (Best. D 1962, à d'Argental, 2 avril); Desfontaines, au contraire, s'exécute (Best. D 1972, Madame du Châtelet à d'Argental, 10 [avril]); Voltaire envoie finalement son désaveu (Best. D 1994, Madame du Châtelet à d'Argental, 27 [avril]). Il n'y perd pas, car le désaveu de Desfontaines est imprimé en Hollande(2), tandis que le sien n'est pas publié; mais d'Argenson refuse de forcer Desfontaines à publier son désaveu en France, dans les *Observations*, comme le voulait Voltaire (Best. D 2032, à Voltaire, 20 juin). Celui-ci présente néanmoins cette publication hollandaise comme une grande victoire (Best. D 2034, à d'Argens, 21 juin). Desfontaines reçoit l'ordre de ne plus rien dire de Voltaire dans ses feuilles, sous peine de voir retirer son privilège, et l'abbé Trublet, jusque-là approbateur des *Observations*, est remplacé par Maunoir, qui de son côté, n'a pas le droit de 'laisser passer la moindre chose qui ayt rapport' à Voltaire (Best. D 2041, d'Argenson à Voltaire, 7 juillet). Mais quelle était la valeur d'une telle interdiction?

Elle était nulle par rapport à tout ce que Desfontaines avait publié, directement ou indirectement, contre Voltaire depuis la rédaction du *Préservatif* (c'est-à-dire depuis que Voltaire avait répondu publiquement à l'Observateur), puisque Desfontaines n'était pas obligé de publier une rétractation des jugements qu'il avait fait paraître dans les *Observations*; voici une sélection de ces articles concernant Voltaire(3):

---

(1) Une telle démarche aurait eu peut-être des conséquences fâcheuses pour Voltaire: voir ma note aux ll.135-136.

(2) Voir Best. D 1972, comm. 1, qui donne le texte de ce désaveu.,

(3) Voltaire prend soin de se pourvoir des lettres des *Observations* faisant suite au XIVe volume, dont il possédait déjà certaines feuilles (voir *supra*, pp.XXXVIII-XLIX). C'est ce qui ressort d'une lettre à Moussinot du 18 janvier 1739, où Voltaire demande à son agent de lui envoyer 'les observations sur les écrits modernes depuis le nombre 225

1° Lettre 203, 16 août 1738, annonce de deux brochures contre les *Eléments* qui seraient, au dire de Desfontaines, écrites 'avec autant de solidité que de politesse' (vol. XIV, p.203). 2° Lettre 204, 23 août, pp.212-216, suite des *Leçons de physique* de Molières. 3° Lettre 205, 30 août, pp.217-229, compte-rendu du *Newtonianismo* d'Algarotti. Le ton de cet article est nettement plus poli que celui des articles consacrés au newtonianisme de Voltaire, mais l'hostilité de Desfontaines envers le philosophe anglais se devine aisément; par exemple: 'L'attraction est un mot qui ne signifie rien' (p.222). Même lettre, pp.233-235: suite des *Leçons* de Molières. 4° Lettre 207, 6 septembre, remarques sur une critique de Prévost de la lettre de Voltaire sur les économistes Dutot et Melon. Cet article est loin d'être défavorable pour Voltaire: Desfontaines avait-il des remords, ou voulait-il faire entendre qu'en tout ce qui ne concernait pas la physique et la religion, il était prêt à admirer Voltaire? 5° Lettre 211, 1 octobre, vol.XV, pp.21-24: revue du quatrième des *Discours en vers sur l'homme*, au sujet de 'la modération', dans laquelle il est insinué que Voltaire est assez bon poète mais mauvais philosophe. 6° Lettre 218, 8 novembre, p.185: réfutation des critiques de Fuselier contre *Zaïre*, dont il a déjà été question (voir *supra*, p.XLI). 7° Lettre 222, 29 novembre, pp.281-286: suite des *Leçons* de Molières. 8° Lettre 229, 10 janvier 1739, pp.86-90: même chose. 9° Lettres 241, 18 mars, et 242, 21 [*sic*] mars, volume XVII, pp.18-23 et 42-44: revue d'un ouvrage intitulé: *Examen du vide*; un auteur anonyme soutient, selon l'expression de Desfontaines, que 'l'opinion Neutonienne sur le Vide est un Athéisme déguisé' (p.19), et Desfontaines applique cette affirmation aux *Eléments* de Voltaire, sans pourtant dire directement que celui-ci est un athée déguisé (pp.42-44). 10° Lettre 255, 6 juin 1739, p.360: on laisse entendre que les tragédies de Voltaire ont quand même certaines qualités. 11° Lettre 260, 4 juillet 1739, vol.XVIII, p.115: Desfontaines cite une critique défavorable de *L'Enfant prodigue* faite par Riccoboni. On voit que Desfontaines ne cesse de critiquer pendant cette période le newtonianisme de Voltaire, d'un point de vue christiano-cartésien, mais qu'il est prêt à reconnaître (comme il l'avait d'ailleurs toujours fait), que Voltaire sait écrire de bons vers, et même de bonnes pièces de théâtre.

L'interdiction dont parlait d'Argenson dans sa lettre du 7 juillet servit-elle à bâillonner Desfontaines? Non, certes. Il parle assez fréquemment de Voltaire après cette date. Pourtant les premières allusions sont plutôt favorables: c'est le cas par exemple de son compte-rendu de l'essai de Voltaire sur le feu (Lettre 266, 8 août, vol.XVIII, pp.241-256): le ton est poli, élogieux même, mais il est suggéré à la fin de l'article que les opinions de Voltaire sont de

---

inclusivement' (Best. D 1794), c'est-à-dire les feuilles parues depuis le 23 décembre 1738 inclusivement, et qui allaient former le XVIe volume. Cette commande nous permet également de supposer qu'il possédait déjà le tome XV (1 octobre au 17 décembre 1738), ou du moins certaines feuilles de ce tome. Il est curieux que les *Observations* ne figurent pas dans la bibliothèque de Voltaire à Ferney (*Bibliothèque de Voltaire. Catalogue des livres*, Moscou-Leningrad, 1961). Voltaire possédait par contre le *Dictionnaire néologique*, dans l'édition d'Amsterdam, n° 1006.

seconde main (p.256)(1). Le compte-rendu de la *Vie de Molière* de
Voltaire (Lettre 269, 29 août, pp.313-323) est assez flatteur. Mais le
ton change lorsqu'il s'agit de physique. Desfontaines consacre, par
exemple, deux lettres à la revue de l'*Examen et réfutation des Eléments
de la philosophie de Newton par M. de Voltaire*, de Jean Bannières (Paris,
1739; Lettre 275, 26 septembre 1739, vol. XIX, pp.97-112, et Lettre 293,
13 janvier 1740, vol.XX, pp.169-186). Non seulement le newtonianisme est
une 'fausse doctrine' (Lettre 293, p.170), mais Voltaire, héraut de cette
physique 'se plaît à rabaisser tous les grands hommes de France' (p.175),
c'est-à-dire, les cartésiens. Dans sa *Réponse à toutes les objections
principales qu'on a faites en France contre la philosophie de Newton*
(Paris, 1739), Voltaire, dit Desfontaines, ne s'est proposé que 'de
jetter de la poussière, c'est-à-dire, d'éblouir par un style enjoué et
par des traits d'esprit' (Lettre 296, 30 janvier 1740, p.255). On voit
bien que Desfontaines s'érige en défenseur du cartésianisme en France, et
qu'il se croit permis, malgré la défense de juillet 1739, d'écrire des
choses assez dures pour Voltaire lorsque celui-ci propose de détruire la
science cartésienne.

On a bien l'impression que Desfontaines était incapable de changer
sa manière d'écrire, du moins de façon permanente, même si cela importait
à la survie de son journal. Les autorités n'étaient évidemment pas
prêtes à sévir contre lui pour les remarques déplaisantes qu'il avait
faites concernant Voltaire depuis juillet 1739, mais il perd pendant
quatre mois (octobre 1740-janvier 1741) son privilège pour avoir publié
un compte-rendu satirique de l'ouvrage d'un auteur bien moins important
que Voltaire (Morris, p.67). Et il le perd définitivement en septembre
1743, à la suite de démêlés avec un savant nommé Gourné (Morris,
pp.68-73). Bientôt il donne sous un pseudonyme un troisième recueil,
intitulé *Jugements sur quelques ouvrages nouveaux* (Morris, pp.79-80).
Pendant la période 1739-1745, il publie peu d'ouvrages originaux: son
Racine vengé, écrit contre d'Olivet (janvier 1739, voir Best. D 1834),
lui attire surtout des critiques (Morris, pp.159-160). Il mourut en
décembre 1745, 'en bon chrétien', selon Chaubert, qui l'avait soigné
pendant sa dernière maladie et qui avait été présent lors de son
décès(2).

Alors que Desfontaines, après *La Voltairomanie*, s'est plus ou moins
limité aux écrits joualistiques ou polémiques, Voltaire, au milieu de
toutes ses activités dirigées contre Desfontaines, dans la première
moitié de 1739 (dont je n'ai décrit qu'une partie), n'avait pas cessé son
travail littéraire. En janvier, il rédige un acte et demi de *Zulime* en
dix jours, 'Malgré toutes les inquiétudes que lui ont causé les noirceurs
de l'abé Des. et les variations de Tiriot' (Best. D 1812, Madame du
Châtelet à d'Argental, 22 janvier); dès le 9 février, il corrige *Zulime*,
et a l'intention de commencer une nouvelle pièce, *Mahomet* (Best. D 1862,
à d'Argental), dont le premier acte est prêt en juillet (Best. D 2048, à

_____

(1) Desfontaines parle sur le même ton de la *Dissertation de Madame
du Châtelet sur le feu* (Lettre 263, 25 juillet, pp.169-189).

(2) Voir sa lettre touchante concernant ce décès, *in* P. d'Estrée,
'La Mort de l'abbé Desfontaines', *RHLF*, 1908, pp.125-128.

Frédéric). En février encore, il corrige *La Henriade*, et il commence à
rédiger *Le Siècle de Louis XIV* (Best. D 1886, Madame du Châtelet à
Algarotti, 17 février); il dirige des représentations de *L'Enfant
prodigue*, de *Zaïre*, et d'autres pièces (Best. D 1864, Madame de Graffigny
à Devaux, [9 février]). En mars, il commence à s'intéresser au *Testament
politique* attribué au cardinal de Richelieu (Best. D 1934, à d'Olivet, 9
mars). En juin, il envoie à Frédéric son *Gangnan*, qui est sans doute la
première ébauche de *Micromégas* (Best. D 2033, [*c.* 20 juin]). Il semble
bien que l'affaire de *La Voltairomanie*, loin de l'accabler et de
l'empêcher de travailler, l'ait stimulé: peut-être voulait-il, par ce
travail littéraire, à la fois oublier les soucis qu'elle lui causait, et
prouver au monde qu'il était toujours un auteur de génie, alors que
Desfontaines n'était qu'un misérable critique. Les années suivantes, il
continue de suivre le chemin de la gloire: il fait représenter à Lille
Mahomet devant des spectateurs enthousiastes (avril 1741; les dévots
allaient empêcher la réussite de la pièce à Paris en août 1742).
Ensuite, c'est le succès de *Mérope* (février 1743). En 1745, Voltaire
paraît à la cour, et fait représenter, avec la collaboration de Rameau,
La Princesse de Navarre.

Après juillet 1739, Voltaire parle assez rarement de Desfontaines.
Il y fait allusion dans les *Conseils à un journaliste* (M.XXII, pp.260-
261; publié en 1744, cet ouvrage date probablement du mois de février
1739: voir Best. D 1848, à d'Argental). En septembre 1742, il prie
Marville d'empêcher Desfontaines de publier une critique de *Mahomet*
(Best. D 2657). En décembre de la même année, dans une lettre à Frédéric, il se moque des 'grossièretés de l'abbé Desfontaines' (Best. D
2712). Et il envoie à Frédéric, en juillet 1744, des vers où il est
question d'un

Desfontaines
Entouré dans son galetas
De ses livres rongés de rats(1)

Voltaire ne fait aucune mention, en 1745, à ce qu'on sache, de la
mort de Desfontaines, qui, en fait, était passée presque inaperçue(2). A
la vérité, il fait, dans des ouvrages publiés après cette date, quelques
allusions à son ancien adversaire(3), mais on sent bien que pour lui il
s'agit d'une affaire classée.

---

(1) Best. D 3002. En fait, pendant ses dernières années,
Desfontaines avait acquis par son travail une certaine fortune, et avait
sa propre maison de campagne où il passait l'été (Morris, p.142).

(2) P. d'Estrée, 'La Mort de l'Abbé Desfontaines', loc.cit.,
pp.125-126.

(3) Voir, par exemple, la note du *Mondain*, dont j'ai parlé à la
p.XXXIII, et l'allusion au 'vice' de Desfontaines, insérée en 1748 dans
le deuxième *Discours en vers sur l'homme* (M.IX, pp.389 et 392; éd.
Havens, 1.54, variantes et notes); voir aussi Best. D 4867, Best. D 4895,
Best. D 4917, Best. D 4953.

Cette querelle entre deux hommes de lettres fit ressortir chez l'un et l'autre quelques-uns de leurs plus grands défauts. Voilà Voltaire qui s'abaisse à écrire des poèmes obscènes et cruels contre son adversaire, qui l'accuse constamment d'un crime dont il n'a jamais été reconnu coupable, qui perd son temps à critiquer des vétilles qu'il a trouvées dans les *Observations*, non pas tant par amour de la vérité, mais parce que l'Observateur avait osé critiquer certains de ses ouvrages, chose qui lui était intolérable: car il lui avait sauvé la vie. Ce qu'il demandait en récompense de cette action généreuse, c'était une loyauté totale de la part de Desfontaines: il ne se rendait pas compte qu'exiger la reconnaissance, c'est le meilleur moyen de ne pas l'obtenir. Il savait bien qu'un auteur ne doit pas, en principe, répondre aux attaques contre ses ouvrages (Best. D 1023, à Thieriot, 26 février 1736), mais il oublie cette maxime dans le cas de Desfontaines, parce que toute critique de la part de l'abbé, qui lui devait sa liberté, lui apparaissait comme une atteinte à son honneur. On peut bien parler, comme le fait Madame de Graffigny, du 'fanatisme' de son attitude envers Desfontaines, et on peut bien souscrire à ce jugement de Madame du Châtelet concernant son ami:

> Il ne tient qu'à luy d'être heureux, et il ne veut pas l'être. L'abé des Fontaines et Rousseau me paroissent des ennemis bien méprisables. Il me semble qu'il ne deuoit point leur répondre (Best. D 1237, à d'Argental, 28 [décembre 1736]).

Et que dire de Desfontaines? On peut le plaindre d'avoir eu un caractère difficile, un tempérament dur qu'on ne pardonne qu'aux génies: selon ses contemporains, c'était un homme 'fier', un esprit satirique (*Pr.E.DF.*, p.xx), un *méchant*(1), 'un vilain homme' (Best. D 1860, d'Argenson à Voltaire, 7 février [1739]); il avait 'un ton brutal' qui déplaisait dans la société(2); les hommes de lettres l'évitaient autant que possible (*Pr.E.DF.*, p.xx). C'est lui le sujet de cette anecdote tant répétée au XVIIIe siècle: un journaliste, accusé par d'Argenson de faire un vilain métier, lui répond: 'Monsieur, il faut que je vive'; sur quoi le ministre aurait dit: 'Je n'en vois pas la nécessité'(3). Desfontaines eut néanmoins des amis: J.-B. Rousseau, Chaubert, son collègue Granet, Fréron (Morris, pp.88-90; *Pr.E.DF.*, p.xxiv); ce dernier, 'disciple et successeur' de Desfontaines, selon le mot de Morris, allait prendre la relève de son maître dans la lutte contre Voltaire. Desfontaines sut trouver des protecteurs: le marquis de Locmaria, par exemple (Best. D 1910, Voltaire à d'Argental, 27 [février 1739]; Best. D 2032, d'Argenson à Voltaire, 20 juin 1739). Hérault même n'ose pas ou ne veut pas sévir d'office contre lui. C'était, en 1739, un homme connu et craint.

---

(1) *Correspondance littéraire*, 1 juillet 1757, Paris, 1877-82, vol.III, pp.386-387.

(2) 'Lettre de M. de Burigny à M. l'abbé Mercier', *in* M.I, p.468.

(3) La source de cette anecdote, c'est le *Mémoire sur la satire* de Voltaire, M. XXIII, pp.58-59; elle est répétée dans l'article de la *Correspondance littéraire* que je viens de citer, et dans l'*Emile* de Rousseau (*OEuvres complètes*, Paris, vol.IV, 1969, p.467).

On peut plaindre cet homme qui se voit accablé de reproches chaque fois qu'il fait la plus légère critique des ouvrages de Voltaire, et qui ne dispose pas, comme lui, d'un vaste cercle d'amis et d'agents dont quelques-uns, Mouhy par exemple, sont prêts à vendre leur plume. On peut admirer la ténacité de Desfontaines, qui lui a permis de vivre uniquement de sa plume – ce qui n'était pas le cas de Voltaire – pendant plus de 20 années. On ne peut pas le blâmer de tâcher de faire oublier, par un travail utile (utile dans le sens que le public achetait volontiers ses feuilles), l'accusation vraie ou fausse dont il se vit accablé dès le commencement de sa carrière de journaliste. On peut par contre lui reprocher de manquer de prudence, en ce qu'il publie des lettres ou des ouvrages de Voltaire sans en avoir la permission, pour faire vendre son journal, et en ce qu'il avance dans *La Voltairomanie* tant de fausses accusations concernant la naissance de Voltaire (1.107, note), ses rapports avec les Bernières (11.105-111) et avec Frédéric (*Avis*, 11.62-69), et à propos de son casier judiciaire (*La Voltairomanie*, 11.50-54). *La Voltairomanie* est l'ouvrage d'un homme qui manque de tact, de savoir vivre et d'esprit, mais qui ne laisse pas de frapper juste par moments. En ce sens, cet ouvrage donnait une leçon salutaire à l'auteur du *Préservatif*.

+ + +

Le Préservatif, *La Voltairomanie* et la correspondance de Voltaire laissent deviner plutôt qu'ils n'expliquent les rapports entre Desfontaines et Voltaire. Au commencement, ils furent, semble-t-il, amis, sinon 'quelque chose de plus'(1); ils avaient une certaine communauté de goûts et d'intérêts: Voltaire aimait aider les jeunes littérateurs; il avait besoin, pour lancer sa *Ligue*, de la bienveillance du journaliste. Desfontaines, avec sa connaissance approfondie de la littérature de l'Antiquité, apprécie sans doute les efforts de Voltaire pour fonder l'épopée française, même s'il n'est pas satisfait des résultats; il veut se faire la réputation d'un critique éclairé, qui serait en droit de donner des conseils au successeur en titre de J.-B. Rousseau. Il ne se rend pas encore compte, quand il écrit son *Apologie de M. de Voltaire*, des susceptibilités du poète de *La Ligue*. Puis, c'est la malheureuse affaire de Bicêtre. Voltaire fait beaucoup pour obtenir la libération de Desfontaines, et croit qu'il a tout fait; désormais, il se voit en droit d'exiger une loyauté absolue que l'abbé lui refusera toujours. Desfontaines commet des impolitesses, des indélicatesses mais, devenu *Nouvelliste*, puis *Observateur*, il n'entend pas se brouiller avec Voltaire, dont il ne peut pas non plus se dispenser de parler dans ses feuilles, qu'il veut même présenter comme un *ami*, et qu'il admire toujours en tant que poète. Il en parle donc tantôt en bien, tantôt en mal. Voltaire ne voit que le mal. Il est évident que trop de choses les séparaient pour qu'ils pussent s'entendre, et d'abord la religion. Desfontaines, profondément choqué en 1734 par les *Lettres philosophiques*, l'est encore quatre années plus tard par les *Eléments*, lesquels sont, à ses yeux, non seulement antipatriotiques mais aussi antichrétiens. Il

---

(1) Cf. J.-J. Rousseau, *Confessions*, IX, *OEuvres complètes*, Paris, vol.I, 1962, p.43.

n'a pas assez de culture scientifique pour comprendre que défendre, en
1738, la physique de Descartes, comme il le voulait faire lui-même,
c'était aller contre les tendances profondes de l'époque. Avec la
publication du *Préservatif*, puis de *La Voltairomanie*, la brouille devint
publique. Les sots s'en amusent, les sages tâchent de calmer les
adversaires. Desfontaines ne manque pas de protecteurs; il a l'avantage
d'habiter Paris, et de paraître à certains comme le défenseur attitré des
valeurs françaises et chrétiennes. Voltaire veut ériger cette affaire,
qui était au fond une querelle personnelle, en une affaire d'état. Mais
quand tout est plus ou moins apaisé, alors que Desfontaines renouvelle
sournoisement ses attaques, Voltaire ne fait plus guère attention à
Desfontaines. Si son coeur saigne toujours de l'*ingratitude* de l'abbé,
il sait bien que celui-ci ne sera jamais qu'un critique littéraire plein
de fiel et assez borné; il sait que Newton triomphe de Descartes; il
semble s'être rallié enfin aux conseils de ses amis, selon lesquels la
meilleure façon de réfuter Desfontaines était de laisser lire par un
public plutôt éclairé les écrits de celui-ci, et de se taire.

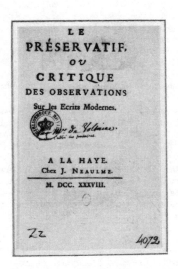

Page de titre du *Préservatif*
(Bibliothèque nationale,
cote Zz 4072).

EDITIONS DU TEXTE

(*38*)[1] LA VOLTAIROMANIE, / OU / LETTRE / D'UN / JEUNE AVOCAT, / En forme de Mémoire. / *EN R'EPONSE* [*sic*] / *Au Libelle du Sieur de* VOL- / TAIRE, *intitulé:* Le Pré- / servatif, *&c.*

48 pp. Signatures: A [xii], B [xii]. Ce volume, qui parut en 1738 (voir mon introduction, p.XLII), ne contient que *La Voltairomanie.*

J'ai utilisé le volume coté Rés. Z Bengesco 632 de la Bibliothèque Nationale, qui possède dans ses collections cinq autres exemplaires de cette édition: Zp 2861; Zz 3530; Z Beuchot 909(2), 1132 et 1133[2].

(*39*)[1] LA / VOLTAIROMANIE / AVEC/ LE PRESERVATIF, / ET / LE FACTUM / Du Sr. CLAUDE FRANÇOIS JORE. / [*vignette*] / A LONDRES. / [*ligne*] / M. DCC. XXXIX.

88 pp. Signatures: a [3] (pour l'*Avis au public*; les deux premières pages de cet *Avis* sont, en plus, numérotées: *2, *3), A [8] - E [8], F [4]. Ce volume contient, en plus de l'*Avis: Le Préservatif,* de Voltaire, pp.1-24; *La Voltairomanie,* qui a sa propre page de titre se présentant ainsi: LA / VOLTAIROMANIE, / OU / LETTRE / D'UN / JEUNE AVOCAT, / En forme de Mémoire, / *EN REPONSE* / *Au Libelle du Sieur de* VOLTAIRE, *in-* / *titulé,* Le Préservatif, *&c.* / pp.25-64; Le *Mémoire pour Claude François Jore Contre le Sieur François Marie de Voltaire,* pp.65-84; la *Lettre de Voltaire au Sr. Jore,* pp.85-88.

J'ai utilisé le volume coté 8° Ln[27] 20745 de la Bibliothèque Nationale, qui possède trois autres exemplaires de cette édition: Z Beuchot 259(2) et 1343; Z Bengesco 993. Il existe également un exemplaire de cette édition dans la Salle Voltaire (*Voltaire Room*) de la Taylor Institution à Oxford (cote: V.9. C. DES.).

PRINCIPES D'EDITION

Si l'on entend par le mot *variante* une différence entre deux textes qui en affecte le sens, il n'y en a qu'une seule entre *38* et *39*, mais elle est de conséquence, et elle a déterminé le choix du texte de base: c'est que *39* donne l'*Avis au public*, alors que cet *Avis* manque dans *38*. C'est donc *39* qui va servir de texte de base.

---

(1) Ces chiffres sont les sigles adoptés pour désigner les deux éditions.

(2) H.T. Mason fait mention d'un autre exemplaire de *La Voltairomanie*, cote Zz 3529, relié avec *Le Préservatif*, que je n'ai pas pu examiner (*Voltaire*, Londres, 1981, p.172, n.25).

Bien qu'elles ne présentent aucune variante, à part celle que je viens de mentionner, les deux éditions diffèrent sensiblement en ce qui concerne l'orthographe, la ponctuation, et l'emploi des accents, des italiques et des abbréviations. *39* donne l'impression d'être bien plus 'moderne' que *38* ('sait' au lieu de 'sçait', 'croyait' au lieu de 'croîoit', etc.); elles diffèrent aussi en ce que, dans les références au *Préservatif* de Voltaire, *38* se rapporte à l'édition Neaulme 1738 de ce libelle, alors que *39* se rapporte naturellement à la réimpression donnée dans le même volume; les deux éditions diffèrent enfin en ce qu'elles présentent, chacune à sa façon, bien des fautes d'impression(1); c'est *39* qui en a le plus. En donnant le texte *39*, j'ai corrigé les fautes d'impression, et j'ai changé la numérotation dans le rappel des notes de Desfontaines pour la faire correspondre à la nouvelle disposition des pages(2), mais je n'ai apporté aucun autre changement, ni à l'orthographe (sauf pour la modernisation de l'*s*), ni à la ponctuation(3).

Il n'est évidemment pas question de reproduire les pièces annexes (*Le Préservatif*, le *Factum* de Jore et la *Lettre* de Voltaire), mais j'ai donné des extraits du *Préservatif* dans les notes explicatives. Le *Factum* de Jore a été réimprimé par Besterman en appendice au volume III de l'édition définitive de la Correspondance de Voltaire (D app.39).

---

(1) On en trouvera la liste complète à la p.26.

(2) J'ai suivi le même procédé en ce qui concerne le nombre d'astérisques dans le rappel des notes. Les notes de Desfontaines sont procédées soit d'un ou plusieurs astérisques, soit de chiffres; j'ai conservé cette distinction. (Voir, pourtant, ma note à la l.156).

(3) J'ai pourtant ajouté entre crochets quatre paires de guillemets qui manquaient (ll.87,481,543,675).

Page de titre de la première édition de *La Voltairomanie* (Bibliothèque nationale, cote Rés. Z Bengesco 632)

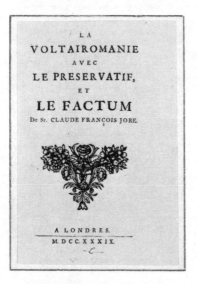

Page de titre de la seconde
édition de *La Voltairomanie*
(Voltaire Room, Oxford,
cote V.9. C. DES.)

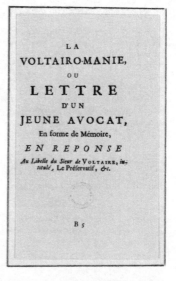

Titre à la page 27 de la
seconde édition de
La Voltairomanie

LA

VOLTAIROMANIE

OU

LETTRE

D'UN

JEUNE AVOCAT,

En forme de Mémoire

EN REPONSE

Au Libelle du Sieur de VOLTAIRE, *in-*

titulé Le Préservatif, *& c.*

AVIS

AU

PUBLIC.

        Je ne doute point que l'Amour propre de Mr. de V. qui
s'est attribué l'Emploi de Concierge du Parnasse & d'Intendant du
Temple du Goût, ne souffre beaucoup des Veritez repandues dans la
Voltairomanie, ou *Réponse à son Libelle intitulé, Préservatif,&c.*
Aussi n'est-ce pas pour lui plaire que j'ai composé cet Enfant de
mon loisir. Il n'a cependant menagé personne, & comme un Chien
enragé, il s'est jetté sur tous les Auteurs les plus distingués;
il en a épargné fort peu, & peut-on être assuré que les seuls à qui
il a prodigué son encens & ses adorations, échapent à sa plume
meurtrière? Théologiens, Philosophes, Poëtes, tous les Savans
en tout genre ont été les objets de ses mépris, de ses railleries,
& de son badinage. Il a tourné en ridicule les Religions, les
Nations & les Gouvernemens. Personne ne l'ignore; & pourquoi ne
pourroit-on pas démasquer le Persecuteur du genre humain, cet
Ennemi des Vivans & des Morts, & lui arracher cette infaillibilité
dans les Belles-Lettres, dont il se pare arrogamment? Autant de
coups de plumes qu'il a donnés, sont autant de Brocards, ou des
calomnies atroces qui ne devoient pas rester impunies, & il n'en
auroit pas du être quitte pour les coups de bâton qu'il a reçus de
quelques Particuliers, qui n'ont pas eu autant de patience que
Mr. l'Abbé D.F. Voyons comme Mr. de V. le traite dans un Libelle
intitulé, *Réponse de Mr. de la Chaussée aux trois Epitres de
Rousseau*, qu'il a fait imprimer en 1734 à Amsterdam. L'Auteur
fait parler Mr. Rousseau.

        J'ai, grace au Ciel, un Sectateur fidèle,
        Qui chaque jour peut produire un Libelle:
        Heureux mortel qui n'a ni foi ni loi,
        Prêtre, & Rimeur, & plus méchant que moi;
        Et qui souvent de ses fécondes veines,
        D'un noir poison fait couler des fontaines.
        Ce Sodomite, Elève de Baal,
        D'un scélérat pesant original,
        Qui sans pudeur en blasphêmes s'exhale,
        Se nourrissant de honte & de scandale,
        Et qui malgré sa face de *Vaurien*,
        Seroit Curé, s'il eût été Chrétien.
        Ce cher appui de mon nom, de ma gloire,
        Digne de vivre avec moi dans l'Histoire,
        Pour quinze francs me préconisera,
        Des plus beaux noms il me décorera.

        Oui, tu seras vanté par DES FONTAINE,
        C'est là le comble à ta honte certaine;
        C'est ton salaire, & c'est bien la raison,
        Que DESCHAUFOURS soit loué par CHAUSSON.

45   Cette piece commence par ces Vers contre Mr. Rousseau.

        De Melpomène ignorant Pédagogue,
        Qui sur le Pinde abboyant comme un Dogue, *&c.*

        Si Mr. de V. traite de Dogue ce fameux Poëte, dont les
Ouvrages vivront éternellement, & serviront de modèle, il ne
50 doit pas trouver mauvais qu'on l'appelle *Chien rogneux*, & quand
on y ajoute l'épithète d'*Enragé*, il le mérite bien.

        On a jugé à propos de mettre à la suite de la *Voltairomanie*,
le Mémoire présenté par Mr. Jore, Libraire de Rouen, à ses Juges,
contre Mr. de V. Cette Pièce autentique, & sur laquelle le bon Droit
55 de cet infortuné Libraire a été reconnu, n'a pas dû être oubliée.
Elle entre dans un détail curieux du caractère de ce Poëte, & tous
les hommes devroient en conserver un Exemplaire, pour apprendre à
n'avoir jamais rien à faire à un Personnage tel que Mr. de V. &
même à s'en éloigner: Personnage également dangereux pour ses amis
60 que pour ses ennemis, & rempli de Vices, dont la vanité est le
principe, vanité qui l'a si souvent fait tomber dans la confusion &
dans le mépris, qu'il auroit dû s'en corriger. Parmi tant de
traits, qui le caractérisent & qui ont donné la Comédie au Public,
je ne ne citerai que sa prétendue correspondance avec le Prince
65 Royal de Prusse, & l'envoi du Portrait de son A. R. qu'il disoit
avoir reçu tantôt par la Poste, & tantôt avoir été adressé à Mr.
Chambrier, Résident de Prusse à Paris. M. de V. avoit fait publier
cette prétendue correspondance dans nombre de Gazettes, comme si
elle avoit été bien réelle. Mais finissons sur les sottises du
70 Personnage, sur lesquelles on ne tariroit point; & reservons les
pour répondre à sa réplique, s'il en fait une.

LA VOLTAIROMANIE,

OU

LETTRE

D'un Jeune Avocat, en forme de Mé-

moire,

En Réponse au Libelle du Sieur de VOL-

TAIRE, *intitulé,* Le Préservatif, *&c.*

C'étoit naturellement à Mr. l'Abbé D.F. à répondre au
Libelle que Voltaire vient de publier contre lui. Mais le voyant,
Monsieur, résolu à ne jamais se départir de la douceur & de la
modération, qu'il a jusqu'ici fait paroître à l'égard de ce Poëte,
5 & considerant d'ailleurs qu'il est d'un âge & d'un caractère, qui
pardonnent trop aisément les injures, je me suis d'autant plus
volontiers chargé de sa défense, que les liens de l'estime, de
l'amitié, & de la plus vive reconnoissance m'attachent à lui pour
toujours. Trouvant aujourdhui l'occasion d'exercer, pour une si
10 bonne cause, un foible talent, que j'ai consacré depuis peu au
Barreau, je vais punir, seulement avec ma plume, un homme accoutumé
à être autrement payé de ses sottises.

L'infâme Ecrit du Sieur Voltaire, dont le Sçeau est imprimé
sur chaque page & à chaque ligne, fait horreur à tous les gens de
15 probité, & ne réjouit que ses ignobles Partisans.(*) Il ne manquoit
plus que ce trait affreux à la renommée d'un Ecrivain téméraire,
pour qui ni les moeurs, ni la bienséance, ni l'humanité, ni la
vérité, ni la Réligion n'ont jamais eu rien de sacré. Son ignorance
& sa déraison ont plus d'une fois donné des scènes au Public; mais
20 la critique qu'il a inserée dans son Libelle, de quelques endroits
des Ouvrages de Mr. l'Abbé D.F. est presqu'en tout si pitoyable &
si folle, qu'on peut à peine la concevoir. Ce seroit donc perdre
son tems, que d'entreprendre de la réfuter. Il suffit de dire, que
c'est un esprit faux, en matière de science, comme en matière de
25 goût; & quelqu'un a dit avec vérité, que tout son mérite bien
apprécié, étoit à peu près celui d'un Violon.

———————

(*) Tel est le Poliçon, Editeur connu, & Colporteur
intéressé, de toutes les rapsodies de Voltaire; ou un certain petit
Abbé Normand, qui a eu le front de porter le Libelle dont il
s'agit, dans des Maisons où va l'Abbé D.F. En conséquence de quoi,
v le petit Abbé Normand a reçu défence d'y remettre le pied.

Quoique son dernier Libelle soit écrit (comme tout ce qu'il a publié jusqu'ici en prose) sans jugement, sans soin, sans suite, sans style, & que toutes ses petites objections soient dépourvues de lumières & de bon sens, je répondrois peut-être à ce qui concerne le Littéraire, s'il ne s'étoit tout-à-fait rendu indigne de cet honneur, par l'insolence de sa plume. D'ailleurs, comment raisonner avec un homme, à qui l'orgueil & la rage tiennent lieu de raison?

Un Ecrivain un peu sensé se seroit-il livré à de pareils excès? Quand Mr. l'Abbé D.F. seroit tel, qu'il a l'audace de le dépeindre, s'ensuivra-t-il que Voltaire est un honnête-homme, & un grand Auteur? Passera-t-il moins chez tous les connoisseurs pour ignorer absolument le Théatre, où il n'a jamais été applaudi, que pour la vaine harmonie de ses pompeuses tirades, & pour sa hardiesse satyrique ou irréligieuse?(*) Sa *Henriade* sera-t-elle moins un cahos éblouissant, un mauvais tissu de fictions usées ou déplacées, où il y a autant de prose que de vers, & plus de fautes contre la langue que de pages? Poëme sans feu, sans invention, sans goût, sans génie. Son *Temple du Goût* sera-t-il moins la production d'une petite tête yvre d'orgueil? Son *Charle XII* ne passera-t-il pas toujours pour l'ouvrage d'un Ignorant étourdi, écrit dans le goût badin d'une Caillette bourgeoise, qui brode des avantures? Mauvais roman! Encore les Romanciers se piquent-ils de suivre la Géographie, & de ne point démentir les faits connus. Ses *Lettres*, où il a ôsé porter ses extravagances jusqu'à l'Autel, le tiendront-elles moins éloigné de Paris toute sa vie, dans l'apprehension des recherches dangereuses, ordonnées par le sage & juste Arrêt du Parlement, qui a condamné ce monstrueux Ouvrage au feu? Malgré les déclamations & les airs triomphans de sa profonde ignorance, *les Elémens de la Philosophie de Newton*, seront-ils jamais autre chose que l'ébauche d'un Ecolier qui bronche à chaque pas, & qu'un livre ridicule, dans l'une & l'autre édition presque simultanées: Livre, qui a rendu son présomptueux Auteur la risée de la France & de l'Angleterre.(**) Enfin, Voltaire sera-t-il moins un homme deshonoré dans la Société civile, par ses lâches impostures, par

---

(*) V. avoue au commencement de son Epitre à Madame du Châtelet, qui est à la tête de son *Alzire,* que cette *Pièce est un de ces Ouvrages de Poësie, qui n'ont qu'un tems, qui doivent leur mérite à la faveur passagère du Public, & à l'illusion du Théatre, pour tomber ensuite dans la foule & l'obscurité.* V. annonce ici lui-même le sort de tous ses Ouvrages. On ne dit rien de son Plagiat scholastique & continuel: on sait que ses plus beaux habits sont de la friperie.

(**) Il y a deux Lettres de Londres, à ce sujet. Dans l'une on mande, que le Livre de V. sur la Philosophie de Newton, qu'il n'entend point, y est sifflé comme à Paris; dans l'autre, *qu'il faut que Voltaire soit fou, au propre.*

ses fourberies, par ses honteuses bassesses, par ses vols publics
& particuliers, & par sa superbe impertinence, qui lui a attiré
jusqu'ici de si flêtrissantes disgraces? (*)

65   Tout le monde sait que Mr. l'Abbé D.F. n'a rien fait qui
ait mérité la haine & la fureur du Sieur Voltaire. Il l'a toujours
ménagé dans ses Ecrits, & depuis même la publication de son
injurieux Libelle, il a parlé de sa Tragédie de *Zaire*, avec une
politesse & une honnêteté, à laquelle on n'avoit pas droit de
70   s'attendre. Jamais le Stoïcisme n'a semblé porter si loin
l'insensibilité. La modération & la charité conviennent à une
personne de son état; mais ses amis ne sont pas obligés aux mêmes
égards, envers un calomniateur.

     N'est-il pas bien étrange que celui qui joue aujourdhui un
75   si odieux rolle, à l'égard de deux personnes distinguées dans la
République des Lettres, je veux dire Mr. l'Abbé D.F. & l'illustre
Rousseau, soit celui-là même qui a dit gravement dans la Préface de
sa Tragédie d'*Alzire*: "Il est bien cruel, bien honteux pour
"l'esprit humain, que la Littérature soit infectée de ces haines
80   "personnelles, de ces cabales, de ces intrigues, qui devroient être
"le partage des Esclaves de la Fortune. Que gagnent les Auteurs, en
"se déchirant cruellement? Ils avilissent une profession, qu'il ne
"tient qu'à eux de rendre respectable. Faut-il que l'art de penser,
"le plus beau partage des hommes, devienne une source de ridicule,
85   "& que les gens d'esprit, rendus souvent par leurs querelles le
"jouet des sots, soient les bouffons du Public, dont ils devroient
"être les Maîtres?["]

     Quel Prothée que Voltaire! Ne croiroit-on pas en lisant
ces paroles, que c'est l'homme du monde le plus sage, le plus
90   circonspect, le plus modéré? Ne le prendroit-on pas pour un Caton,
pour un homme qui a des moeurs, qui est à couvert des *haines
personnelles*, & qui ne cherche qu'à rendre respectable la
profession des Lettres? Ne s'imagine-t-on pas qu'il est incapable
de rien faire, qui puisse lui attirer des réponses, & le rendre le
95   *jouet des sots*? Mais cet homme, qui aspire à être *le Maître du
Public*, & qui nous donne de si belles leçons, est le Philosophe de

---

     (*) 1°. Le digne châtiment qu'il reçut à Séve dans le tems
de la Régence, châtiment, dont il se crut bien dédommagé par les
mille écus que son avarice reçut, pour consoler son honneur. 2°. Le
célèbre traitement de la Porte de l'Hôtel de Sully, en conséquence
v   duquel il fut chassé de France, pour les folies que cette noble
bastonade lui fit faire. 3°. Bastonade encore à Londres, de la
main d'un Libraire Anglois; accident douleureux, qui lui fit
solliciter vivement & obtenir la grace de revenir en France. C'est
ainsi que le même fléau qui l'en avoit fait sortir, l'y a fait
x   rentrer, pour y essuier plusieurs autres affronts d'une autre
espèce. Quand sera-t-il rassasié d'ignominies?

la Comédie, qui débite la plus belle morale du monde sur la
douceur & la modération, & qui à l'instant se met en fureur sans
sujet, & en vient aux mains.

100   Comment n'a-t-il pas rougi de la seule idée de l'horrible
Lettre qui est à la fin de son Libelle? Croira-t-on que celui qui
fait aujourdhui un si honteux reproche à Mr. l'Abbé D.F. est celui-
là même, qui fit son apologie il y a 13 à 14 ans, & qui démontra
dans un petit Mémoire dressé par lui-même, la fausseté &
105   l'absurdité de l'accusation? Il le fit à la sollicitation de feu
Mr. le Président de Bernière, qui par complaisance le logeoit alors
chez lui, & que Voltaire ôse appeller son *ami*.(*) Mais par quel
attachement, ou plutôt par quelle aveugle partialité, & par quelle
profusion de louanges, l'Abbé D.F. n'a-t-il pas payé pendant 10 ans
110   un service, qui n'avoit été du côté de Voltaire qu'une déference
aux volontés de son Hôte & de son Bienfaiteur?

         Une réfléxion critique, mais honnête & polie, sur la
Tragédie ébauchée de *la mort de César*, & un léger Badinage sur le
Temple du goût, ont été érigez par Voltaire en traits horribles de
115   noirceur & d'ingratitude. Mais s'étant plaint à l'Abbé D.F. même,
par une Lettre particulière, & de la *Réfléxion* & du *Badinage*, on
lui a donné sur cela toute la satisfaction qu'il pouvoit souhaiter.
Il en a été très-content, & il l'a écrit à l'Abbé D.F. en 1735,
dans les termes les plus affectueux & les plus expressifs.(**)
120   Cependant 15 jours après la date de cette Lettre d'amitié & de
réconciliation parfaite, il s'avise d'insulter l'Abbé D.F. dans le
Mercure. On lui demande honnêtement la cause de ce changement
subit: Nulle réponse. Il continue d'insulter l'Abbé D.F. par de
mauvaises épigrammes qu'il fait courir. On se tait; on méprise
125   l'injure: il redouble; la patience de l'Abbé D.F. l'enhardit, & il
pousse l'affront jusqu'à l'excès dans des Imprimés scandaleux.

         Après cela, il a la folie de prétendre avoir encore des
droits sur le coeur de l'Abbé D.F. Ignore-t-il qu'il est de
principe dans la société, que les offenses effacent les bons
130   offices? A plus forte raison, quand l'offense est très-grande, &
que le bon office n'est qu'une justice rendue, & rendue en
considération d'un Bienfaiteur dont on dépend. Voltaire, logé &

         (*) Mr. le Président de B. *ami* de Voltaire, petit-fils d'un
Païsan! La profession d'hommes de Lettres est bien avantageuse.
Cet *ami* le chassa de chez lui en 1726, après son discours
insolent dans la Loge de la Demoiselle le Couvreur.

         (**) La Lettre de V. à ce sujet, est imprimée dans les
Observations, Tom. 5.

nourri chez le P. de Bernières, allié de Mr. l'Abbé D.F.(*)
avoit-il pu se dispenser de faire ce qu'il fit?

135   Mais depuis quand est-il permis d'appeller *Procès*
criminel, (terme dont V. a l'effronterie d'user) un ordre
précipité du Magistrat de la Police, sur la déposition équivoque
d'un Délateur inconnu, & suborné? Jamais les Ordres respectables
du Roi ont-ils flétri l'honneur de ses Sujets? Comme la politique
140   du gouvernement, & l'ordre public exigent quelquefois qu'on
s'assure, sur un simple avis, de la personne d'un Sujet, on seroit
bien à plaindre, si dans ces cas on étoit deshonoré. Eh! qui est-
ce qui n'auroit pas sans cesse à craindre de perdre son honneur?
Aussi un Gentilhomme fut, il y a quelques années, condamné par
145   Messieurs les Maréchaux de France à trois mois de Prison, pour
avoir fait un reproche de cette nature à un autre Gentilhomme.

      Pour ce qui regarde Mr. l'Abbé D.F. tout le monde sait que
le tour affreux, qui lui fut joué en 1725, par les fougueux &
dangereux amis d'un homme qui n'est plus, ne lui a fait aucun tort
150   auprès des honnêtes-gens: sa Religion & ses bonnes moeurs sont
connues. Après 15 jours d'une disgrace, qu'il n'avoit ni prévue ni
méritée, il fut honorablement rendu à la Société & à son Emploi
littéraire. Le Magistrat de la Police prit la peine de le
justifier lui-même, non-seulement aux yeux de sa famille, mais
155   encore par une Lettre qu'il écrivit à Mr. l'Abbé Bignon, qui peut
s'en ressouvenir.(**) Quelle douleur le Magistrat ne témoigna-t-il
pas plus d'une fois, de s'être laissé trop légèrement prévenir,
d'avoir été, sans le savoir, l'instrument d'une basse vengeance, &
de n'avoir pas connu plutôt la naissance, le caractère & les moeurs
160   de celui qu'il avoit inconsidérément & indignement maltraité!

      Autre trait de malignité & d'injustice de la part du Sieur
Voltaire. Il parle dans son Libelle de la fameuse harangue fictive
de l'Abbé S. pour laquelle l'Abbé D.F. fut inquiété au commencement
de 1736. Tout le monde sait aujourdhui que cette Pièce lui avoit
165   été surprise par le Libraire Ribou. Comment l'auroit-il vendue
trois louis à un misérable qui mouroit de faim, & n'avoit pas de
souliers, & qui est aujourdhui fugitif pour ses dettes? D'ailleurs,
est-ce que trois pages ont jamais été payées d'avance trois louis

---

    (*) Feu Mr. le P. de Bernières étoit frère, de Père, de
Madame la Marquise de Flavacourt, & de Madame la Présidente de
Louraille, cousines de l'Abbé Desfontaines, qui étoit d'ailleurs
son ami & son confident. Un Faquin, par ses airs de protection,
v   nous oblige de parler de ces circonstances.

    (**) *Elle fut lue solemnellement dans l'Assemblée du*
Journal, & en conséquence l'Abbé D.F. fut sur le champ rétabli,
par Mr. l'Abbé Bignon, qui voulut bien recueillir les voix de
l'Assemblée.

170 d'or? Le mensonge est bien grossier. L'Abbé D.F. n'a jamais été le
Vendeur, ni l'Editeur de cette Pièce; il n'en a été non plus ni
l'Auteur, ni le Copiste. Il ne l'avoit pas même lue entièrement,
lorsqu'on la lui déroba. Il est aujourdhui public qu'il n'y a eu
aucune part, & l'on sait d'ailleurs qu'il a toujours détesté la
175 Satyre personnelle. Le véritable Auteur de cette Pièce n'en fait
plus mystère. Mais il n'en étoit pas de même durant le cours de
cette affaire fâcheuse. Il auroit couru quelque risque, s'il eût
été connu, parce qu'on étoit alors extrêmement aigri contre lui.
Il s'étoit fié à l'Abbé D.F. qui eut la générosité de lui garder
fidelement le secret jusqu'à la fin, & qui aima mieux s'exposer à
180 tout, que de trahir la confiance d'un homme qui avait compté sur sa
probité, & qui par justice & par reconnoissance, a depuis payé tous
les frais que cette affaire a occasionnés. Il n'y a qu'un Voltaire
dans le monde, à qui toutes les vertus sont inconnues, qui soit
capable de tirer de-là un sujet de reproche & d'invective.

185 Quand l'Abbé D.F. auroit prêté sa plume à une cause aussi
belle & aussi importante, que celle des Chirurgiens contre la
Faculté, les Ecrits qui ont paru sur ce sujet, ont été si goûtés du
Public, que l'aveu qu'il en feroit, ne pourroit que lui procurer
beaucoup d'honneur. On auroit beau soupçonner la reconnoissance
190 libérale du Corps de St. Côme: Voltaire, tout riche qu'il est par
ses rapines typographiques, ne reçoit-il pas encore le produit de
ses Tragédies & de ses éditions? Le reproche sur ce point seroit
donc mal fondé. Le titre de *Défenseur* des Droits d'autrui, & la
reconnoissance des Parties, n'ont rien qui rabaisse un Ecrivain.
195 Penser autrement, c'est insulter la glorieuse profession d'Avocat.
Mais l'Abbé D.F. a protesté sur son honneur, à la face du Ciel & de
la Terre, qu'il n'est Auteur d'aucun des Ecrits qui ont paru en
faveur des Chirurgiens. Sied-il à un homme tel que Voltaire, qui
passe sa vie à 40 lieues d'ici, de lui donner sur cela un démenti
200 public, sans la moindre preuve? L'Abbé D.F. est lié d'amitié avec
deux ou trois Chirurgiens les plus célèbres de Paris, dont il
estime également la capacité, le bon esprit & la politesse. Cela
a-t-il pu fonder l'imputation de quelques Médecins méprisables,
qui l'ont accusé d'être l'Ecrivain de leurs adversaires, & celle
205 de Voltaire leur imbécille écho?

Qu'après cela, cet habile homme fasse gravement l'éloge des
Quakres, qu'il croit mieux connoître que Mr. Bossuet, & qu'il a si
ridiculement célébrés dans ses *Lettres*. Qu'il canonise un Ouvrage
Anglois sur la Religion,(*) dont la Traduction Françoise imprimée
210 en Hollande, en conséquence du Jugement du Censeur Royal, Docteur
de Sorbonne, n'a point eu l'entrée en France, & a été regardée
comme un Livre dangereux pour la foi; Que notre grand Théologien,
qui a ôsé censurer les *Pensées de Pascal*, & défier tous les
Docteurs de lui prouver l'immortalité de l'ame, décide que la

_____

(*) *Alciphron*, ou, *le Petit Philosophe*.

215 Religion est solidement défendue dans l'*Alciphron*: Qu'il traite de
     plaisanterie l'objection solide qu'un habile Géomètre a daigné lui
     faire dans les *Observations*, sur sa file de Soldats, dont le
     vingtième, selon Voltaire, devroit paroître *vingt fois plus petit*
     que le prémier:(1) Qu'il trouve admirable cette pensée ridicule &
220 puérile, rapportée dans le *Dictionnaire* Néologique. (*N'est-il pas
     juste que la science ait des ménagemens pour l'ignorance qui est
     son aînée, & qu'elle trouve toujours en possession?*).(2) Qu'il
     entreprenne de justifier le Comique romanesque, sérieux &
     attendrissant jusqu'aux larmes, par l'exemple de la Comédie du
225 *Heautontimorumenos* de Térence, où il n'y eut jamais rien de
     pareil, & par un Vers d'Horace, dont il corrompt le sens
     grossièrement, puisqu'il ne s'y agit que de la colère d'un
     Vieillard:

                Interdum vocem Comedia tollit,
230   *Iratusque Chremes tumido delitigat ore.*

             Qu'il impute à l'Abbé D.F. les nombreuses éditions faites
     en Hollande & ailleurs de son *Dictionnaire Néologique*; éditions où
     il n'a aucune part, & que chacun a grossies à son gré.(*) Qu'il
     cherisse l'*estime contemporaine* de ses Ecrits, autant qu'il se
235 console des *mépris contemporains* de sa personne: Qu'il exerce une
     critique forte & pointilleuse sur le plus bel endroit de la plus
     belle pièce d'éloquence de Mr. Bossuet: Qu'il essaie de justifier,
     par de pitoyables raisons, les contradictions palpables de sa
     prémière Epitre *sur le Bonheur*, & qu'il tâche de donner le change
240 au Lecteur, qui n'aura point cette mauvaise Pièce sous les yeux:
     Qu'enfin il rapporte ce qu'il a cru trouver de plus foible dans les
     trois Epitres de Mr. Rousseau, qui ont paru il y a deux ans, se
     donnant bien de garde de citer les traits admirables qui le

---

          (1) Si 20 Soldats doivent partager ainsi en 20 parties
     égales l'angle que forme le rayon visuel, il s'ensuit, selon
     Voltaire, que l'angle est alors coupé également; V. a donc trouvé
     par cette belle opération la *trissection* de l'*angle*. Il dit que le
v   Savant Géomètre s'est moqué de l'Abbé D.F. & il ne voit pas que
     c'est de lui qu'il se moque. Y a-t-il en effet rien de plus risible
     que le raisonnement de V. sur ce point? On en parlera ci-après.

          (2) Il faudroit aussi par la même raison, que la *Vieillesse*
     respectât la Jeunesse: car la Jeunesse précède la Vieillesse. On
     ne devient vieux, qu'après avoir été jeune. V. admire cet
     impertinent *concetto*. Quel goût! Toutes les autres citations
v   qu'il rapporte, bien examinées, sont aussi ridicules.

          (*) L'Abbé D.F. ne reconnoît que les deux éditions de
     Paris, 1726.

peignent si bien & si agréablement(1). Tout cela est naturel à un
245 homme tel que le Sieur de Voltaire, qui fait profession de heurter
en tout l'opinion commune des hommes, & de s'éloigner de tout ce
qui approche de la droite raison. Il a essaié jusqu'ici de
renverser successivement le monde Moral, le monde Littéraire, le
monde Phisique.(2) Qu'attend-on encore de lui?

250   Je ne dois pas passer sous silence trois impostures
grossières du Libelle de Voltaire. La prémière est que l'Abbé D.F.
selon lui, est l'Auteur de certaines Réfléxions périodiques, qui
s'impriment à Paris toutes les semaines chez le Sieur Briasson
Libraire, rue St. Jaques. Je ne prétens point rabaisser ici cet
255 Ouvrage qui a son mérite; mais en vérité, si V. l'a lu avec un peu
d'attention, il faut qu'il n'ait ni discernement ni goût, pour
soupçonner que l'Abbé D.F. en est l'Auteur. Il peut être permis
à certaines gens de prendre le change; mais qu'un homme de Lettres
s'y trompe, cela est bien honteux. Il doit distinguer les styles,
260 avec les yeux de l'esprit, comme avec l'oeil corporel on distingue
les caractères de deux différentes écritures. Les Connoisseurs,
les Gens d'esprit ne s'y méprennent jamais. Aussi n'y a-t-il que
des hommes sans Lettres, ou quelques sots Lettrés, qui ayent
attribué les *Réfléxions* périodiques à l'Abbé D.F. dont le style est
265 tout différent.

        La deuxième imposture, est que V. suppose que l'Abbé D.F. a
fait imprimer en Hollande *vingt Libelles* contre lui. L'Abbé D.F.
m'a protesté, du ton le plus affirmatif, qu'il n'avoit jamais fait
imprimer aucun Libelle en Hollande ni ailleurs, contre Voltaire.
270 Je ne me suis pas contenté de lui demander sur cela ce qui en
étoit; j'ai écrit en Hollande, pour m'informer des Libelles qui ont
pu paroître contre Voltaire depuis quelques années, & l'on m'a
répondu qu'il n'en avoit paru aucun: y eut-il jamais une impudence
pareille? Voltaire ne veut point paroître agresseur: il feint
275 qu'on l'a insulté, afin d'avoir droit d'insulter à son tour. Il
suppose des Libelles publiés contre lui, qui puissent lui donner
lieu d'en publier lui-même.(*)

----

        (1) Ce qu'il en rapporte comme défectueux, est au-dessus
des meilleurs Vers de V. en ce genre. Le Claudien, le Stace de
notre siècle n'a garde de goûter la Poësie de notre Horace. Le
Prosaïque enflé ou lâche, & un style plat ou vuide de sens, c'est
v le caractère de la plupart des Vers de l'insensé contempteur de
ceux de Rousseau.

        (2) Par ses *Lettres*, par son *Temple du Goût*, par ses
Elémens de la Philosophie de Newton.

        (*) C'est le Loup de la Fable qui dit à l'Agneau:
        Et je sai que de moi, tu médis l'an passé.
Heureusement le maigre Loup de Cirey, ne dévorera pas aisément

C'est aussi dans le même esprit, qu'il a inventé le
Libelle composé contre lui à la Campagne, chez Mr. de Bernières,
280   par l'Abbé D.F. qui, si on l'en croit, le *montra à Mr. Tiriot,*
qui l'obligea à le jetter au feu. Et c'est la troisième imposture
dont il s'agit ici. Mr. Tiriot est un homme aussi estimé des
honnêtes-gens, que Voltaire en est détesté. Il traîne, comme
malgré lui, les restes honteux d'un vieux lien, qu'il n'a pas
285   encore eu la force de rompre entièrement. Or, on a demandé à Mr.
Tiriot, qui est cité ici pour témoin, si le fait étoit vrai: & Mr.
Tiriot a été obligé de dire qu'il n'en avoit aucune connoissance.
On propose ici un défi à Voltaire. Le séjour à la Campagne chez
feu Mr. le P. Bernières, est dans les vacances de 1725. Si un
290   Libelle imprimé cette année contre Voltaire éxiste, qu'on le
montre. S'il répond que l'Abbé D.F. l'a jetté lui-même au feu,
qu'il cite des Témoins. Car assurément il ne doit point être cru
sur sa parole. *Mr. Tiriot,* dit-il, *l'obligea de le jetter au feu.*
Et voilà Mr. Tiriot qui déclare la fausseté du fait. Le Sieur
295   Voltaire est donc le plus hardi & le plus insensé des menteurs.

Notre imposteur a écrit depuis quelques jours des Lettres,
où il tâche de faire croire, qu'il n'est point l'Auteur du
Préservatif, parce qu'on lui a mandé que cet Ecrit étoit trouvé
pitoyable par tout le monde, & qu'il faisoit autant de tort à
300   l'homme d'esprit qu'à l'homme de probité. Cependant on a entre
les mains, dans des Lettres particulières qu'il a écrites, une
grande partie de ce que le Libelle contient, & cela conçu dans les
mêmes termes; sur-tout, ses déclamations & ses raisonnemens sur
l'*Alciphron,* sur les *Quakres,* sur sa belle découverte touchant le
305   rayon visuel, sur la prétendue ingratitude de l'Abbé D.F. &c.
D'ailleurs, qui pourroit méconnoitre la Prose de V. si remarquable
par son style fougueux, inéxact, décousu; par ses pensées vagues,
sans chaux & sans ciment; enfin par son admirable Logique? On
connoît de plus l'Editeur & les Colporteurs de son Libelle. En
310   faut-il davantage?

Dois-je faire mention ici d'un trait impertinent du Libelle
de Voltaire, à la pag.19? *L'Auteur des Observations* (dit Voltaire,)
s'avise de parler de Guerre; il a l'insolence de dire que feu Mr.
le Maréchal de Tallard, gagna la Bataille de Spire contre toutes
315   *les règles par une méprise, & parce qu'il avoit la vue courte.* Eh!
qui est-ce qui auroit mieux appris le métier de la Guerre à notre
Poëte, qu'à l'Abbé D.F.? Seroit-ce la belle apparition de Voltaire
au Camp devant Philipsbourg en 1734, où ce *Chevalier de la triste*
figure apprêta tant à rire à notre Armée? N'est-il pas plaisant de
320   de le voir aujourdhui jouer le personnage de Réparateur des torts?
L'Observateur n'a parlé que d'après Mr. le Marquis de Feuquières;
est-ce l'autorité de Voltaire, ou la *Lettre anonyme* qu'il cite, qui

---

v   l'*Agneau,* à qui il en veut. Il y a ici de bons chiens pour lui
donner la chasse, à lui, & à tous ses petits Louveteaux affamés.

nous détrompera, & qui infirmera le témoignage d'un grand homme de
Guerre, qui étoit assurément au fait de tous les faits militaires
325 de son tems? V. parle ici en étourdi insolent, de feu Mr. le M. de
Feuquières. Un homme de néant, tel que lui, croit qu'un homme de
qualité est susceptible d'une basse *envie*. Un autre auroit pu dire
avec décence, que sur ce fait Mr. le M. de Feuquières avoit été mal
informé.

330   Voltaire n'est pas moins ridicule dans son raisonnement,
contre la fameuse Pompe de feu Mr. du Puy, Maître des Requêtes,
dont l'Abbé D.F. a parlé dans sa feuille 147. On ne lui fera pas
la grace de répondre à son galimatias. Il suffit de dire que tout
Paris a vu de ses yeux ce qui est annoncé dans cette Lettre, visée
335 par le même Mr. du Puy. Il est plaisant de voir un petit
Physicien de deux jours, ôser argumenter contre ce qu'il n'a point
vu, contre ce qu'il n'a pu concevoir, & y opposer un argument dont
il n'entend pas lui-même les termes. Car, au sentiment d'un homme
fort versé dans les méchaniques, Voltaire parle ici sans savoir de
340 quoi il parle.

Un très-habile Géomètre-Physicien avoit envoyé à
l'Observateur une *Remarque* sur l'étonnant Problême de Voltaire, &
au sujet de sa démonstration sur *la file de vingt soldats, dont le
vingtième doit être vu*, selon lui, *vingt fois plus petit que le
345 prémier*. Le Sieur Voltaire croit se tirer d'affaire, en disant d'un
air gai, dans son Libelle, que ce Géomètre a voulu plaisanter, &
se moquer de l'Abbé D.F. *Il n'est pas question*, dit-il, *dans ma
proposition de la Trissection de l'angle: Je n'en ai pas dit un
mot*. Voici sur cela la réplique du Géomètre, qui m'a été
350 communiquée.

"Non, il n'est point question, Mr. de Voltaire, dans
"votre proposition, du Problême de la *Trissection de l'angle*. Mais
"il est question dans vos Remarques, d'un discours que vous donnez
"pour une démonstration victorieuse, & dans lequel on trouve un
355 "paralogisme aussi grossier, qu'est celui par lequel vous supposez
"qu'on divise l'angle en parties égales, parce qu'on divise en
"parties égales la base de l'angle. Or non-seulement votre
"prétendue démonstration suppose la Trissection de l'angle par ce
"moyen ridicule; mais elle suppose encore la division de l'angle en
360 "raison donnée; ce que ni les *Sections coniques*, ni aucune *ligne
"courbe*, ni aucun calcul ne peut nous fournir."

Eh bien! Est-ce de l'Observateur, ou du Novice Géomètre,
que cet habile homme s'est moqué dans sa Critique?(*) Ne faut-il

---

(*) Voltaire joue avec réflexion le personnage du *Distrait*
de la Bruyère, "*Menalque* rit plus haut que les autres: il cherche
"où est celui *qui montre ses oreilles*, & à qui il manque une
"perruque, &c."

365   pas être bien stupide, pour vouloir juger de la grandeur d'un
Angle, par la grandeur de la Base, comme l'ignorant Voltaire fait
dans son extravagante proposition.

     Newton (dit encore V. p.4) *n'a point trouvé par expérience*
que les corps tombent de 15 pieds dans la prémière seconde. C'est
370   *Huyghens qui a déterminé cette chute dans ses beaux Théorêmes de*
pendule. Secondement, ce n'est qu'à des distances très-
considérables & inaccessibles aux hommes, que cette différence
seroit sensible, &c. Voici sur cela ce qu'un savant homme répond
au Sieur Voltaire. "Non, Newton n'a point trouvé le prémier par
375   "expérience, que les corps tombent de 15 pieds dans une seconde.
"Mais Newton a adopté cette expérience; & l'ayant généralisée, il
"a trouvé qu'à la distance de la Lune, ces mêmes corps tomberoient
"de 15 pieds dans une minute. Il est vrai que ce n'est qu'à des
"distances très-considérables & inaccessibles aux hommes vulgaires,
"que cette différence est sensible; mais elle le devient à Mr.
380   "Newton, & à ceux qui raisonnent conformément à ses principes. Si
"le Sieur V. avoit bien lu Newton, il auroit lu ces paroles à la
"dernière page. *In hac Philosophiâ propositiones deducuntur ex*
"*phoenomenis, & redduntur generales per inductionem. Quidquid enim*
"*ex phoenomenis non deducitur, hypothesis vocandum est. Hypotheses*
385   "*seu Metaphysicae, seu Physicae, seu qualitatum occultarum, seu*
"*mechanicae, in Philosophiâ experimentali locum non habent.*"

     Le Sieur V. reproche à l'Abbé D.F. une méprise dans la
traduction de l'*Essai sur le Poëme Epique*, composé, dit-il, par
lui-même en Anglois. 1°. V. n'a point composé seul en Anglois cet
390   Ecrit; mais l'ayant fait d'abord en François, un Anglois l'a aidé à
le traduire dans sa Langue. 2°. L'Abbé D.F. n'a point fait à
Voltaire l'honneur de traduire ce malheureux *Essai*.
C'est feu Mr. de Plelo, depuis Ambassadeur en Dannemarc, & tué près
de Dantzic, qui, pour s'amuser à Paris, fit cette traduction dans
395   le tems qu'il apprenoit l'Anglois. Le sort de V. est de se tromper
en tout ce qu'il dit. Cette traduction est imprimée chez Chaubert.

     On a remarqué que le Sieur V. s'avise de traiter plus d'une
fois dans son Libelle Mr. l'Abbé D.F. d'*ignorant*. L'Abbé D.F.
avoue, qu'après avoir étudié toute sa vie, il est fort *ignorant*
400   en effet: & il conviendra aussi, si l'on veut, que le Sieur de V.
qui a passé toute la sienne à faire des vers & des folies, est
très-savant. Ses Ouvrages historiques & philosophiques en sont une
bonne preuve. C'est un prodige que ce Savant. A peine a-t-il
étudié deux jours la matière la plus épineuse & la plus étendue,
405   qu'il la possède à fond, & qu'il est capable d'en faire des leçons
aux plus grands Maîtres. Tout le monde sait ce qui lui arriva à
Paris, il y a un peu plus de deux ans. Il n'y avoit que huit jours
qu'il commençoit à s'appliquer à la Géométrie, qu'il alla trouver
un de nos plus grands Géomètres de l'Académie des Sciences, pour
410   conferer avec lui sur un Problème, qu'il falloit dix années de
Géométrie pour pouvoir résoudre. Il se croyoit déja de pair avec

tous les *Savans* de l'Europe. Voila la science du personnage. A
peine est-il en Angleterre, qu'après en avoir étudié la Langue
pendant trois mois, il met en Anglois un *Essai sur le Poëme Epique*,
415 qu'il avoit composé en François: puis ayant fait corriger cette
traduction par son Maître de Langue, il la donne au Public. Il est
vrai que les Anglois dirent alors que c'étoit un tissu de
Gallicismes & de Barbarismes. Qu'importe? Voltaire faisoit voir
qu'il avoit un génie divin pour les Langues, comme pour toutes les
420 Sciences, & tous les beaux Arts. Cet Aléxandre de la Littérature
aspire hautement à la Monarchie universelle des Lettres. Il fera
bientôt la guerre à toutes les Académies, & il détrônera tous les
Savans pour se mettre à leur place. Ne se prétend-t-il pas aussi
grand Poëte que Mr. Rousseau? N'a-t-il pas tâché de dégrader tous
425 nos Auteurs dans son *Temple du Goût*? Est-ce un César? Est-ce un
Pompée?

> *Nec quemquam jam ferre potest Caesarve priorem,*
> *Pompeiusve parem.*   LUCAN.

Cependant on dit que V. est à 45 ans aussi *savant*, (& aussi *sage*)
430 qu'à vingt. C'est de quoi on ne peut douter. Appliquons-lui le
docte febricitans, de l'Epitaphe du P. Hardouin, rapportée dans le
Nouvelliste du Parnasse, si toutefois il est permis de lui appliquer
ce qui convient à un *fou savant*, & non à un *fou charlatan*, ou à un
harmonieux Energumène.

435   Mais j'oublie que c'est trop me rabaisser, que de répondre
à la Littérature du Libelle de V. & je ne songe pas que j'avois
résolu de ne lui opposer sur ce point qu'un souverain mépris.
D'ailleurs l'article que je viens de traiter, est peut-être trop
sérieux, & vous intéresse peu. Pour vous dédommager, Monsieur, je
440 vais vous faire part d'une Epigramme composée depuis peu par un de
nos bons amis, au sujet des impertinences qui sont répandues dans
son dernier Ouvrage.

EPIGRAMME.

                Avez-vous vu cette Critique,
445   Dont on noircit l'Observateur?
        Oui; c'est de l'Ecrivain du Roman Historique(1),
        Du pauvre Fiérenfat(2), & de l'Histoire épique(3).
        Eh bien! l'Ouvrage est-il digne de son Auteur?
        Très digne: il y soutient au moins son caractère;
450   Car prenant dans sa bile amère
        L'injure pour raison, la fureur pour flambeau,
        Ma foi, le Sens-commun est plus son adversaire,

---

(1) Charles XII.
(2) L'*Enfant Prodigue*, Comédie de Voltaire.
(3) La Henriade.

Que Desfontaines & Rousseau.

Voici le Fragment d'une Lettre de Mr. Rousseau à Mr.
455   l'Abbé D.F. datée du 14 Novembre 1738.

"Il m'est tombé, Monsieur, entre les mains, une misérable
"Brochure, où vous êtes cruellement déchiré, & où je ne suis pas
"oublié. Voltaire s'y reconnoît à chaque mot: digne récompense du
"sacrifice que vous avez fait tant de fois de vos lumières, en
460   "faveur de cet indigne Poëte, à qui je prens la liberté de répondre
"pour vous, dans les vers que vous allez lire.

              Petit Rimeur antichrétien,
              On reconnoît dans tes Ouvrages
              Ton caractère, & non le mien.
465   Ma principale faute, hélas! je m'en souvien,
          Vint d'un coeur, qui séduit par tes patélinages,
          Crut trouver un ami dans un parfait vaurien,
              Charme des foux, horreur des sages,
          Quand par lui mon esprit aveuglé, j'en convien,
470   Hazardoit pour toi ses suffrages.
              Mais je ne me reproche rien,
              Que d'avoir sali quelques pages
              D'un nom aussi vil que le tien.

"C'est en effet, Monsieur, le seul reproche que vous ayez à
475   "vous faire, mais dont il vous est facile de vous laver auprès de
"tout ce qu'il y a d'honnêtes gens, que la conduite & les
"impudences de ce malheureux révoltent tous les jours de plus en
"plus, & qui attendent avec impatience le *dernier coup de foudre*,
"qui le doit écraser. Elle ne peut être en de meilleures mains que
480   "les vôtres, & vous ne sauriez l'employer sur un sujet qui en soit
"plus digne, &c.["]

Les recherches, faites au sujet des prétendues Satyres
publiées en Hollande contre le Sieur V. ont fait tomber entre mes
mains un Livre de Mr. de St. Hyacinthe, intitulé *Le Chef d'oeuvre*
485   *de l'Inconnu.* Dans une édition de ce fameux Ouvrage, à la Haye,
chez Pierre Husson 1732, on trouve à la fin le morceau suivant,
dans la *Déïfication du Docteur Aristarchus Masso*, par le même Mr.
de St. Hyacinthe, p.362. Le Sieur Voltaire n'accusera-t-il point
l'Abbé D.F. d'être l'Auteur de cet Ecrit? N'y trouvera-t-il point
490   son stile?

          EXTRAIT de l'Ouvrage intitulé: *Déïfi-*
          cation du Docteur Aristarchus Masso. Par
                    Mr. de St. H.

"Un *Officier* François, nommé *Beauregard*, s'entretenoit avec
495   "quelques personnes, que la curiosité avoit comme moi attirées au
"pié de la double montagne. Un *Poëte* de la même Nation, portant

"le nez au vent, comme un Cheval Houzard, vint effrontément se
"mettre de la conversation, & parlant à tort & à travers,
"s'abandonna à quelques saillies insultantes, que l'Officier
500 "désaprouva. Le Poëte s'en mit peu en peine, & continua.
"L'*Officier* s'éloignant alors, alla dans un detour, par où il
"savoit que ce Poëte devoit passer pour aller parler à un
"Comédien. Il y vint en effet, accompagné d'un homme à qui il
"récitoit des vers, & qu'il ne croyoit pas devoir être le témoin
505 "d'une de ses infortunes. Car l'*Officier* arrêtant le *Poëte* par le
"bras, *J'ai toujours ouï dire que les impudens étoient lâches,* lui
"dit-il, *j'en veux faire l'épreuve, & ne puis mieux m'adresser qu'à*
"*vous.* *Voyons, Monsieur le bel esprit, si vous vous servirez bien*
"*de cette épée que vous portez, je ne sai pourquoi; ou préparez-*
510 "*vous à recevoir de cette canne le châtiment de votre insolence.*
"Telle qu'une Catin pâlit & s'effraie aux éclats redoublés du
"tonnerre, tel le Poëte pâlit au discours de l'Officier, & la
"frayeur lui inspirant avec le repentir des sentimens d'humilité
"& de prudence:

515   J'ai péché, lui dit-il, & je ne prétends pas
        Emploier ma valeur à défendre mes fautes,
            J'offre mon échine & mes côtes
        Au juste châtiment que prépare ton bras.
        Frape, ne me crains point, frape, je te pardonne,
520   Ma vie est peu de chose, & je te l'abandonne.
        Tu vois en ce moment un Poëte éperdu,
        Digne d'être puni, content d'être batu,
        N'opposer nul effort à ta valeur suprême.
        Beauregard n'aura point de vainqueur que lui-même.

525 "*Ces beaux discours ne servent ici de rien,* dit l'Officier,
"*défendez-vous, ou prenez garde à vos épaules.* Le Poëte
"n'ayant pas la hardiesse de se défendre, l'*Officier* le
"chargea de quantité de coups de bâton, dans l'espérance que
"l'outrage & la douleur lui inspireroient du courage, puisqu'ils
530 "en inspirent aux plus lâches; mais la prudence du Poëte redoubla,
"à proportion des coups qu'il reçut; ce qui fit que l'homme qui
"l'avoit accompagné, s'écria, en s'adressant à l'Officier:

        Arrêtez, arrêtez l'ardeur de votre bras,
        Battre un homme à jeu sûr n'est pas d'une belle ame,
535   Et le coeur est digne de blâme
        Contre les gens qui n'en ont pas.

"L'*Officier* alors, après avoir ainsi disposé le Poëte à ses
"rémontrances, *Sectateur des Muses,* lui dit-il, *apprenez qu'il est*
"*plus important d'être sage, qu'il n'est nécessaire d'être Poëte, &*
540 "*que si les Lauriers du Parnasse mettent à couvert de la foudre,*
"*ils ne mettent point à l'abri des coups de bâton.* En disant
"ces mots, il jetta dans un champ celui qu'il avoit en main. Mais,
"ô prodige! ce bâton devint dans l'instant même un arbre, &c.["]

545 Vous jugerez, comme il vous plaira, de ce morceau de
l'Ouvrage de Mr. de St. Hyacinthe; vous voyez du moins par-là,
qu'il y a longtems que les folies & les tristes avantures de notre
Poëte ont rétenti dans l'Europe.

VERS DE Mr. ROUSSEAU

Sur la Philosophie Newtonienne de VOL-
550 *TAIRE.*

Rare esprit, génie inventif,
Qui soutiens qu'à toi seul la Nature connue
N'a de principe opératif,
Que dans l'attraction par Newton soutenue;
555 Voltaire, explique-nous le principe attractif,
Qui fit tomber sur tes épaules
Ces orages de coups de Gaules,
Dont tu reçus le prix en argent effectif.

VERS DU MÊME,

560 Envoyés à Mr. l'Abbé D.F.
Au sujet de V. & de sa Secte.

Vous sentez bien, turbulens rimailleurs,
Vos vieux battus, d'aller chercher querelle
A de facheux & discourtois railleurs,
565 Qu'Apollon même a pris en sa tutelle.
Si donc en vous reste un grain de cervelle,
N'écrivez plus; sur-tout gardez-vous bien
De molester un nouveau Lucien,
Qui mit jadis si bien à la compote,
570 Pour réparer l'honneur Parnassien,
Les vers défunts du très-défunt La Motte:

Lycambe, trop sensible à l'honneur, se pendit autrefois,
pour les vers qu'Archiloque avoit faits contre lui. Ne craignons
rien de pareil du désespoir d'un homme tel que Voltaire. Tout ce
575 qu'il y a de plus deshonorant glisse sur son esprit & sur son
coeur. D'ailleurs l'éponge de son orgueil y efface bientôt toutes
les traces de la honte.

Je voulois finir ici ma Lettre, & je croyois que c'étoit
trop m'humilier, que de répondre éxactement à tous les points
580 Littéraires du Libelle du Sieur Voltaire: J'étois même honteux en
quelque sorte, d'avoir insisté sur quelques-uns des principaux, &
d'avoir pris la peine de mettre en évidence, sur ces articles, son
impéritie & son extravagance. Mais peut-être qu'il seroit encore
assez impudent, pour s'applaudir de ses autres objections frivoles,
585 si l'on omettoit d'y répondre, & que nos méprises serviroient à
nourrir son orgueil, & s'il étoit possible, à augmenter sa fatuité.

590 D'ailleurs ses Partisans (quoique le troupeau soit réduit à un
petit nombre de gens sans conséquence) pourroient se prévaloir de
notre silence, & dire que Voltaire a eu au moins la gloire de
confondre son adversaire, par rapport à quelques Articles sur
lesquels on n'a pu le justifier. Achevons donc de terrasser ce
téméraire Critique, & donnons les derniers coups de pinceau au
tableau de sa folie & de sa fausse érudition.

595 "L'Observateur (dit-il pag.5.) rappelle une ancienne dispute
"Littéraire, entre Mr. Dacier & le Marquis de Sévigné, au sujet de
"ce passage d'Horace: *Difficile est proprie communia dicere*. Il
"rapporte le Factum ingénieux de Mr. de Sévigné. *Pour Mr. Dacier*,
"dit-il, *il se défend en Savant; c'est tout dire. Des expressions
"maussades & injurieuses sont les ornemens de son érudition.*" Ce
600 sont en effet les paroles de l'Observateur, raportées par le Sieur
Voltaire.

"Il y a, continue le Critique, dans ce discours de
"l'Observateur tois fautes *bien étranges*. 1°. Il est faux que ce
"soit le caractère des Savans du siècle de Louis XIV, d'employer
605 "des injures pour toutes raisons. 2°. Il est très-faux que Mr.
"Dacier en ait usé ainsi avec le Marquis de Sévigné. *Il le comble
"de louanges, &c.* 3°. Il est indubitable que Dacier a raison pour
"le fond, & qu'il a très-bien traduit ce Vers d'Horace. *Difficile
"est proprie communia dicere* (qu'il a rendu ainsi) *il est très-
610 "difficile de bien traiter des sujets d'invention.* . . . Ainsi
"l'Abbé D.F. n'a pas entendu Horace, n'a pas lu l'écrit de Mr.
"Dacier, qu'il critique, & a tort dans tous les points." On va
voir tout à l'heure si l'Abbé D.F. sur ces trois points a
effectivement tort.

615 A entendre l'Auteur du *Préservatif*, ne diroit-on pas que
l'Observateur a copié le Factum de Mr. de Sévigné? *Il a rapporté*,
dit-il, *le Factum, &c.* Que cette expression impropre fait bien
sentir que V. n'a jamais vu le Recueil intitulé, *Dissertation
critique sur l'Art Poëtique d'Horace!* Il y a dans ce Recueil *trois*
620 *Factums* de Mr. de S. & deux de Mr. Dacier. L'Observateur n'a cité
que deux morceaux du dernier Factum de Mr. de Sévigné.

Le Critique trouve *trois fautes* dans le Discours de
l'Observateur. Mais 1°. dans sa refléxion, est-il question des
Savans du siècle de Louis XIV? Le plaisant Logicien, qui d'un
625 fait particulier tire une conséquence générale! L'Observateur ne
reproche ni à ces Savans, ni à Mr. Dacier, d'*employer des injures
pour toutes raisons*. Il dit simplement que *des expressions
injurieuses & maussades, sont les ornemens de son érudition*. Cela
est bien différent. Mais dans le fait même, sur les Savans du
630 siècle de Louis XIV, le Critique fait bien voir qu'il ignore ce
que tout le monde sait. Est-ce que les Théophiles Reynauds, les
Valois, les Thiers, les Launois, les Nicolaïs, & une infinité
d'autres Savans du 17. siècle, n'ont pas *orné* leurs Ecrits

polémiques d'injures & d'invectives? C'est à ce sujet qu'un
635 Critique Moderne a dit, *injuriarum & calumniae saeculum dixeris*.
Est-ce que d'Aubignac, Scudery, & tant d'autres Auteurs n'ont pas
attaqué indignement Corneille & Racine? Bouhours & Menage se
sont-ils traités fort honnêtement? Avec quelle impolitesse Menage
a-t-il écrit contre Baillet, attaqué avec encore plus de dureté &
640 d'aigreur, par le Père Bauchet Jésuite? Combien Mr. de Valincourt,
pour avoir critiqué avec autant de solidité que d'enjouement *la*
Princesse de Cléves, n'a-t-il pas été injurié par un mauvais
Ecrivain, par un Pitaval de son tems? Enfin qui est-ce qui ignore
la *Réponse* de l'Abbé de Villars, aux *Sentimens de Cléanthe* (ce
645 *Cléanthe* étoit Mr. Barbier d'Aucourt), & qui ne connoît pas
l'*Antimenagiana*, où des personnes d'un mérite reconnu sont
accablées d'injures? Je ne parlerai point de la querelle
violente intentée au P. Mallebranche, par Mr. Arnaud, ni des Ecrits
horribles de ce Docteur & de tant d'autres, contre la Société des
650 Jésuites. Par ce détail, qu'il seroit facile d'étendre, jugez si
les Savans du siècle de Louis XIV étoient aussi doux, aussi
modérés que le Sieur Voltaire le prétend. Ne diroit-on pas qu'il
a juré de ne dire jamais que des choses fausses?

 2°. *Mr. Dacier*, selon notre Critique, *a comblé de louanges*
655 *Mr. de S. & il conclut son Mémoire par lui demander son amitié*. Il
est vrai que Mr. Dacier, dans son prémier Factum, dit poliment à
Mr. de Lamoignon, arbitre de la querelle Littéraire: *les dépens que*
je demande, c'est l'amitié de Mr. de Sévigné. Mais se voyant
ensuite vivement poussé par son adversaire, il change bien de ton.
660 *Est-ce à Mr. de Sévigné*, dit-il, *de régler l'usage des mots Latins,*
& ne doit-il pas plutôt s'y soumettre? Pour me servir des termes
de la Réplique de Mr. de Sévigné, *ce début est-il bien gracieux?*
A la pag.77, après avoir remarqué (avec Platon) "qu'il est
"certaines gens, qui n'ayant pas la force de concevoir les choses
665 "générales & abstraites, sont obligés de *reposer* toujours leur
"imagination sur ce qui est matériel & palpable, *il ajoute*, que ces
"gens-là, selon Platon, ne vivent qu'en songe, car ils prennent
"l'ombre pour le corps: au-lieu que ceux qui connoissent la beauté,
"la sagesse & la justice, & les choses particulières qui y
670 "participent, en ont des idées si distinctes, qu'ils ne prennent
"jamais celle-ci pour celle-là, ni celle-là pour celle-ci, la copie
"pour l'original, ni l'original pour la copie; ceux-là vivent
"véritablement. Je suis fâché que la vie de Mr. de S. selon
"Platon, ne soit qu'un songe; mais j'espère qu'il se réveillera
675 "bien-tôt, & qu'il vivra véritablement.["] Ne voilà-t-il pas un
discours bien poli, adressé par un Savant, qui n'étoit que cela, à
un homme de qualité, tel que le Marquis de Sévigné, qu'il
représente ici comme un rêveur? Si je voulois citer d'autres
endroits encore des Factums de Mr. Dacier, je crois que tout le
680 monde m'accorderoit sans peine, que, comme l'Observateur l'a dit
avec vérité, *des expressions maussades & injurieuses sont les*
ornemens de son érudition.

3°. Le docte Voltaire adjuge la victoire à Mr. Dacier, &
il soutient que dans le vers d'Horace, *Communia* veut dire *Intacta*,
685 des sujets neufs. Cela n'est pas pourtant aussi certain qu'il le
dit; l'Abbé D.F. pourroit bien avoir raison avec le Marquis de
Sévigné, & il n'est pas le seul qui ait donné gain de cause à
celui-ci. Mr. de Brueys, dans sa *Paraphrase sur l'Art Poëtique
d'Horace*, a adopté le sentiment de Mr. de Sévigné. Le P. Tarteron
690 a donné une explication bien différente de celle de Mr. Dacier.
Enfin dans le tems de cette dispute, Mr. de Sévigné, ainsi qu'il
l'assure lui-même, avoit pour partisans *un grand nombre de beaux
esprits*. Voici ce que Mr. de Valincourt lui écrivoit dans une
Lettre du 5 Janvier 1698. "Vous perdez bien de ne savoir pas le
695 "Grec. On a trouvé un passage dans Hermogène, qui décide si
"nettement à votre égard la question du *Communia*, qu'il n'y a pas
"de réplique. Voyez quelle gloire ce seroit pour vous, de défaire
"Mr. Dacier par un passage Grec. Ce seroit bien le cas de
"dire, *Suo hunc sibi gladio jugulo*. Je vous l'enverrai, si vous
700 "voulez en Latin." Certainement on ne pourroit pas dire de
Voltaire, *suo hunc sibi gladio jugulo*, en lui citant un passage
Grec. Il faudroit plutôt lui alléguer l'autorité de quelque
Moderne, aussi présomptueux qu'ignorant. Après ce que vous venez
de voir, Voltaire n'a-t-il pas bonne grace de reprocher à l'Abbé
705 D.F. *de ne pas entendre Horace?* Vous voyez que tout le Discours de
notre Critique sur le Vers dont il s'agit, est des plus risibles.
Ne nous en étonnons point: C'est Voltaire qui raisonne.

Autre remarque de ce judicieux Ecrivain, p.11. "En faisant,
"dit-il, l'extrait d'une certaine Harangue Latine de Mr. *Turretin*,
710 "l'Observateur se plaint de la disette des Mécènes, & de la
"malheureuse situation des Savans, &c." Admirez l'étourderie ou
l'imbécillité du Critique. Il fait un crime à l'Observateur de
rapporter les preuves de Mr. Turretin, touchant les causes de la
décadence des Lettres. *Verum*, dit cet Ecrivain, *ut in causae arcem
715 invadamus, cur litterae parum excolantur haec est non levis ratio,
nimirum praemii defectus, Maecenatum inopia*. Voltaire n'auroit-il
touché ce point, que pour apprendre au Public, qu'il a eu
autrefois une pension de la Cour? Il satisfait volontiers sa
vanité, aux dépens de la vérité & de la raison.

720 Pag. 21. il déclame avec violence contre le jugement que
l'Observateur a porté sur un certain Livre traduit de l'Anglois,
intitulé: l'*Alciphron* ou *le Petit Philosophe*. Ce jugement, je
l'avoue, est extrêmement sévère, & donne une idée fort
désavantageuse du Livre & de l'Auteur. J'ai eu la curiosité
725 d'examiner l'Ouvrage, & je ne puis m'empêcher de dire, que dans
un sens, c'est un Livre pernicieux. Cependant, si l'on en croit
le Docteur de Cirey, c'est un *Saint Livre*, rempli des plus forts
argumens contre les Libertins. Voici la véritable idée du Livre,
qui n'est rien moins que *Saint*. L'Ouvrage est en forme de
730 Dialogues: Alciphron, ou le Petit Philosophe, débite des
plaisanteries plates, ou plutôt des blasphêmes horribles, contre

la Religion Chrétienne, tels que la vile canaille de Londres seroit
capable d'en débiter dans un cabaret. Rien de plus indécent, ni de
plus scandaleux, que le tableau offert aux yeux du Lecteur par
735   Alciphron. Quel *Saint Livre!* Voltaire goûte fort une pareille
sainteté. A l'égard des réponses aux objections du *Petit
Philosophe*, je crois que c'est parce qu'elles sont foibles & mal
construites, que Voltaire les honore de ses louanges. Le Livre les
mérite à peu près autant, que la scandaleuse & abominable *Epitre à
740   Uranie*. L'Auteur du *Saint Livre* plaisante quelquefois de son chef,
(je crois, sans mauvaise intention) d'une façon fort peu
religieuse. Enfin il paroît bien se défier lui-même de la solidité
de ses preuves en faveur de la Religion, puisqu'il dit dans sa
Préface: *On m'accusera peut-être de ressembler à ces mères, qui
745   étouffent leurs enfans à force de les caresser.*

     Notre Critique trouve mauvais que l'Observateur ait dit que
Ciceron étoit plus *verbeux* que Séneque, & il dissimule le sens dans
lequel on l'a dit. Qui ne sait pas qu'il y a plus d'abondance & de
nombre dans Ciceron? Cependant Séneque est plus *verbeux*, parce que
750   malgré son style haché, il ne dit que des riens, & que ses
fréquentes antithèses répètent souvent la même idée.

     Il reprend dans son article 12. cette phrase, *Venus a été
observée au méridien au-dessous du Pole*, tirée de la feuille 202,
ce qui lui donne lieu de dire doctement, que les Planètes *ne sont
755   que dans le Zodiaque, & non au-dessous du Pole.* Que le Sieur
Voltaire est Savant! S'il étoit aussi judicieux, il auroit compris
que cette Planète, vue *au Méridien au-dessous du Pole*, étoit alors
dans l'autre Hémisphère, & par conséquent *au-dessous du Pole*
Arctique, par rapport à l'Observateur.

760   La belle chicane, que de censurer le terme de *système*, en
parlant de la doctrine admirable de Newton sur la Lumière! Mais
Newton n'a-t-il pas tiré des conclusions de ses expériences, &
n'a-t-il pas en conséquence établi des Dogmes? Le Vuide n'est-il
pas la base de son édifice? C'est donc un *système*. Mr. Algarotti
765   ne fait aucune difficulté de se servir de cette expression, en
parlant du Newtonianisme. Voltaire voudroit-il se croire Newtonien
plus éclairé, que ce Savant Auteur? Cela ne seroit pas impossible,
puisqu'il se préfère à tout le monde.

     Il compare ridiculement dans son article 25, ces deux
770   expressions, *au sein des mers, au sein de la France.* Est-ce la
même chose? *Le sein de la France*, ne peut-être conçu dans les
entrailles de la terre; mais *le sein des mers* représente les abymes
de la mer. Donc on n'a pas pu placer *une isle enchantée au sein
des mers*, et c'est une vraie faute. Enfin le Critique, négligeant
775   de consulter les *Errata*, reproche jusqu'aux fautes d'impression,
comme *corporifié* pour *corporalisé*.

     Puisque l'occasion s'en présente, j'ajouterai ici, que

c'est avec le même bon sens que Voltaire, dans ses *Lettres philosophiques*, Ouvrage si justement flêtri, a l'impudence de
780 dire que le Père le Brun a emprunté son Livre de celui du Docteur *Prym*. Cette accusation est précédée de l'exposition de plusieurs traits ridicules, dont aucun ne se trouve dans le Livre du savant & respectable Oratorien. D'ailleurs, il n'y a qu'à comparer ces deux Ouvrages, on verra qu'ils ne se ressemblent point. Mais voici la
785 méthode du Sr. Voltaire. Il entend dire à quelqu'un (savant ou ignorant, peu lui importe) que telle chose est. Si cette chose n'a point encore été écrite, aussi-tôt Voltaire se hâte de l'écrire, après l'avoir fait passer par la filière tortue de son imagination déréglée. Déja il brule de l'imprimer: il l'imprime; & ce n'est
790 que par l'indignation ou les risées du Public, que la vérité peut parvenir à le détromper. Tel est le génie, le savoir, le bon sens du plus orgueilleux & du plus humilié de tous les Ecrivains.

Dans un autre endroit de ses exécrables *Lettres*, il ose appeler l'Ouvrage du Père le Brun, une *impertinente déclamation*.
795 C'est ainsi qu'il qualifie impudemment un Ecrit excellent, composé par les ordres d'un très-grand Prélat.

Je finirai par une réfléxion; c'est que dans les quinze Volumes des *Observations*, la fureur du Sieur Voltaire, qui paroît les avoir bien examinés, n'a pu rélever qu'environ une douzaine de
800 prétendues fautes, où dans la plupart il est l'écho d'un Pitaval, d'un Chevalier de Mouhy, & de quelques autres misérables Censeurs de l'Abbé D.F.(*) Ne voila-t-il pas un *Préservatif* bien spécifique? En échange de ce préservatif, offrons-lui un remède, & un remède qui lui convient, c'est l'Ellebore. Le pauvre V. perd
805 son tems depuis deux années, à vouloir comprendre Newton, dont il

---

(*) Entr'autres, ce Grotesque du Temple d'Esculape, ce Thersite de la Faculté, soupçonné pourtant de quelque esprit, quoique froid Auteur d'une insipide & ennuieuse Comédie, & d'une feuille volante contre Saint Côme, où il n'y a pas tout à fait une
v demie dragme d'esprit, ni un demi scrupule de bon sens. Tout le monde sait par coeur les jolis Vers d'un de nos plus aimables Poëtes sur ce double Bâtard d'Apollon, qui quoiqu'assez jeune encore, marche si glorieusement sur les pas du plus vieux radoteur de ses Confrères oisifs. On lui devoit ce petit éloge depuis six
x mois. On en doit aussi un depuis longtems à un certain visage obscur, Rimeur caustique, bien payé de quelques noirceurs de sa Muse impudente; petit Cyclope, qui depuis vingt ans fabrique jour & nuit sur sa foible enclume des vers tels quels, pour les deux Troupes, ses Nourrices, en attendant que le hazard, ou le secours
xv d'autrui, fasse à la fin sortir quelque bon Ouvrage de sa Forge. Je ne dirai rien d'un autre, qui, par un Acte Typographique, passé par-devant Briasson, vient de substituer aux Epiciers de Paris un Recueil complet de ses *Oeuvres-mêlées*.

n'entend pas encore les prémiers élémens, quelque peine qu'un
savant Italien ait prise pour les lui faire concevoir. Il a été si
honni, si *berné*, si *conspué*, pour ses sotises philosophiques, qu'en
vérité il merite qu'on ait désormais un peu pitié de lui, & qu'on
810 le laisse tranquillement profiter des humiliations que son
Newtonianisme lui a procurées.

Je crois la *Voltairomanie* assez bien démontrée, par tout ce
que je viens de dire. Plût à Dieu que Voltaire ne fût que dépourvu
de lumières & de jugement, qu'il ne fût qu'insensé! Ce qu'il y a
815 de pis, est qu'il est faux, impudent & calomniateur. Son portrait
est à la tête du 6 ch. de Théophraste. Qu'il écrive désormais
tout ce qu'il lui plaira, en prose ou en vers: on l'a mis, ou
plutôt il s'est mis lui-même hors d'état d'obtenir la moindre
créance dans le monde. Au reste quelque maltraité qu'il paroisse
820 ici, on a encore usé d'indulgence. Que de choses ne sait-on pas,
qu'on veut bien s'abstenir de publier! Les horreurs de son Libelle
dispensent néanmoins de la modération.

Il est certain que s'il pouvoit être guéri de son sot
orgueil, qu'il est impossible d'exprimer, il seroit moins fou,
825 moins impie, moins téméraire, moins brutal, moins fougueux, moins
décisif, moins détracteur, moins calomniateur, moins enragé, &c.
Or, qu'y a-t-il de plus capable d'abattre cet orgueil monstrueux,
principe radical de tous ses vices & de tous ses opprobres, que ce
qui est contenu dans cette Lettre salutaire, dont votre charité ne
830 manquera pas de lui faire part?

Je suis, &c.

*A Paris, le 12
Décembre 1738.*

FAUTES D'IMPRESSION

38   *39*

1.352(1)	*Tristection*	1.165(1)	vendu
1.479	meilleurs	1.210	Jugument
1.585.	mépris	1.233	à [grossies]
1.591	[terrasser] le	1.266	D.F. fait
1.616	à [copié](2)	1.391	Langne.
1.654	*à [comblé]*	1.447	Fiétenfat
1.678	d'autre	1.524	qui [lui-même]
		1.606	ainsiavec
		1.616	à [copié](2)
		1.630	ignoroit
		1.649	cantre
		1.652	Voltaite
		1.658	[mais] le
		1.785	Voltaite
		1.808	les [sotises]
		1.828	opprobes

---

(1) Cette numérotation se rapporte aux lignes du texte selon la disposition du présent volume.

(2) Même faute dans les deux éditions.

NOTES

AVIS

ll.18-20 : Sur ces coups de bâton, voir la note de Desfontaines à la l.64.

ll.21-44 : On trouvera cette *Réponse de Mr de La Chaussée auteur du Préjugé à la mode aux trois épîtres de Rousseau* à la B.N. aux pp.27-40 d'un recueil (cote Ye 24946), qui ne porte ni lieu de publication ni date sur la page de titre, mais qui ne peut dater d'avant 1736 puisque les *Epîtres nouvelles du Sr. Rousseau* dont il est question dans la *Réponse* n'ont paru qu'au mois de juin de cette année (à Paris, 'chez Rollin, fils'; contrefaçon 'A Amsterdam', de la même année), et non en 1734, comme le dit Desfontaines, l.23. Selon le catalogue des imprimés de la Bibliothèque Nationale, la *Réponse* semble avoir été faite en Hollande par le même imprimeur que l'édition *39* de *La Voltairomanie* (vol.214, 1006-1007). Les vers cités par Desfontaines se retrouvent aux pp.39-40, et la citation est exacte. La *Réponse*, qui n'a pas été réimprimée depuis sa première publication, est un poème de 200 vers où Rousseau est accusé d'être 'Toujours contraire au mérite naissant', et d'avoir déshonoré ses écrits par des 'blasphèmes' et des 'obscénités' (p.28); son auteur exhorte Rousseau à s'abstenir à l'avenir de prescrire des règles pour le théâtre (comme il l'avait fait dans la première des *Epîtres nouvelles*); suivent une défense de l'innovation au théâtre, et un éloge de Voltaire, auteur de pièces de théâtre originales (pp.28-38). Les critiques que fait Rousseau des pièces de Voltaire sont attribuées à la jalousie. L'auteur de la *Réponse* permet finalement à Rousseau de se consoler en pensant à ses partisans:

> J'aurai pour moi certains Aplaudisseurs
> Qui feront face à ces vains connoisseurs.
> J'ai grâce au ciel ...

Bien qu'elle soit imprimée sous le nom de La Chaussée, cette *Réponse* est sans doute de Voltaire: 1° Elle est suivie, dans la brochure Ye 24946, de l'*Ode sur l'ingratitude* (pp.41-48), qui, elle, est certainement de Voltaire (mais cette version de l'*Ode* est différente de celles que donne M. VIII, pp.421-423); 2° Dans sa lettre à Berger, Best. D 1142 (5 septembre 1736), Voltaire laisse entendre qu'il en est l'auteur: 'On me mande que c'est la Chaussée qui est l'auteur de la reponse à Rousseau. Si cela est, il y aura du bon, & c'est pour cette raison là même que je ne veux pas qu'on me l'attribue' (cf. Best. D 1141, à Thieriot, même date). Desfontaines avait parlé de cette *Réponse* dans les *Observations*, Lettre 92 (24 novembre 1736), vol.VII (1736), pp.44-48 (mais il ne la cite pas, contrairement à ce qu'affirme Best. D 1141, comm. 1). Il désigne l'auteur de la Réponse par l'initiale V ..., et il l'appelle un 'Poëte ténébreux' (p.47); selon lui, 'le monde' *méprise beaucoup* ces vers (p.44). Voltaire est également l'auteur d'une réponse en prose aux épîtres, l'*Utile examen des trois épîtres du Sr Rousseau* (M.XXII, pp.233-240).

Ces trois épîtres de Rousseau, intitulées respectivement *Au R.P. Brumoy*, *A Thalie* et *A Monsieur Rollin*, et dont la première contient une tirade d'environ 100 vers (pp.6-11 de l'édition Rollin) dirigée contre Voltaire (il y est appelé notamment 'un Rimeur de deux jours', p.8),

avaient été l'objet d'une revue élogieuse de la part de Desfontaines:
'des peintures naturelles & animées; un Sel vraiment attique toujours
semé par une raison lumineuse & profonde; voila le vrai caractère des
trois nouvelles Epîtres de M. Rousseau' (*Observations*, Lettre 73 (21
juillet 1736), vol.V (1736), pp.289-308; la citation est à la page 290).

l.44 : Benjamin Deschaffours fut brûlé vif en Place de Grève le 25 mai
1726 en raison de ses pratiques homosexuelles. Plus de deux cents hommes
étaient impliqués dans cette affaire, dont la plupart furent punis par un
court séjour en prison (D.A. Coward, art. cité, p.237). Chaussons : un
homosexuel qui souffrit la peine de mort. Voltaire en parle dans sa
correspondance, Best. D 3972 et Best. D 15416, et dans une note à l'*Ode
sur l'ingratitude*, M.VIII, p.422.

ll.46-47 : Ces deux vers sont à la page 27 de la *Réponse*.

> ... comme un Dogue,
> Prétens ravir aux Sublimes Esprits
> De leurs travaux & la gloire & le prix!
> Quoi! du Parnasse ès tu donc le Monarque?
> T'ès tu flatté ridicule Aristarque
> Que par ton ordre & sur ton goût pervers
> On proscrira tant d'Ouvrages divers?

ll.52-54 : Le *Mémoire* de Jore, publié pour la première fois en 1736,
occupe les pp.65-84 de *39* (il a été reproduit par M. Besterman, Best.
app. D 39). Dans *39*, il est suivi de la lettre de Voltaire à Jore (Best.
D 1045, 26 mars 1736). Jore était l'imprimeur de la première édition
française des *Lettres philosophiques* ('A Amsterdam, chez E. Lucas, au
livre d'or, 1734': voir, à propos de cette édition, l'édition
Lanson/Rousseau des *Lettres philosophiques*, Paris, 1964, vol.I,
pp.ix-xv). Dans son *Mémoire*, Jore prétend que Voltaire ne l'a jamais
payé de son travail, et qu'il lui doit encore d'autres sommes pour divers
services, qu'il l'a trompé à plusieurs reprises, et qu'il est
indirectement responsable de son incarcération à la Bastille et du
retrait de sa maîtrise. Voltaire bien entendu n'accepta pas ces
accusations (voir la correspondance du juin-juillet 1736 et notamment
Best. D 1107-1109, Best. D 1114). Une réconciliation temporaire se
produisit entre les deux hommes en décembre 1738 (voir Best. D 1699 et
Best. D 1726, à Voltaire toutes deux), mais l'affaire traîna jusqu'en
1759 (Best., *Voltaire*, p.204). Jore prétendit qu'il avait écrit son
Mémoire à l'instigation de Desfontaines (Best. D 1699). Voltaire alla
plus loin, car il attribua franchement ce *Mémoire* à Desfontaines (Best. D
1095, à Hérault, [20 juin 1736]).

ll.62-69 : Cette 'prétendue correspondance' était bien réelle. C'est le
prince de Prusse qui écrivit le premier (Best. D 1126, 8 août 1736), pour
féliciter Voltaire sur ses talents de poète et de métaphysicien, et sur
son goût. La correspondance entre les deux hommes continua, au rythme de
une ou deux lettres par mois de la part de chacun, pendant les années
suivantes. Selon l'édition Besterman de la correspondance de Voltaire,
la plupart de ces lettres ont été imprimées pour la première fois dans
l'éditon de Kehl (1785-1789), et quelques-unes dès 1742 (par ex. Best. D
1157) ou dès 1746 (par ex. Best. D 1139). Si quelques-unes ont été

publiées dans des gazettes pendant les années trente, ce fut certainement
sans le consentement de Voltaire, mais il a envoyé certaines de ces
lettres (ou des copies) à des amis (voir par ex. Best. D 1145, à Berger,
10 septembre 1736; Best. D 1168, à Thieriot, 15 octobre [1736]; Best. D
1233, madame du Châtelet à d'Argental, [c. 23 décembre 1736]), qui les
ont sans doute montrées à des personnes peu scrupuleuses. Les *Gazettes
d'Amsterdam* et d'*Utrecht* parlaient souvent de Voltaire, surtout lors du
séjour qu'il fit en Hollande (décembre 1736-Mars 1737) à la suite de
l'affaire du *Mondain* (voir Best. D 1235, madame du Châtelet à d'Argental,
27 [décembre 1736] et Best. D 1264, Voltaire à la *Gazette d'Amsterdam*, 20
janvier 1737, comm.). Le 28 janvier 1737 Voltaire se plaint à Thieriot
que les gazettes aient annoncé qu'il devait *'aller en Prusse'* (c'était
pourtant un bruit que lui-même et madame du Châtelet avaient laissé
répandre, voir par ex. Best. D 1235, et Best. D 1250, madame du Châtelet
à Cideville, 10 janvier 1737), et que le prince de Prusse lui avait
'envoyé son portrait' (Best. D 1272). Ce portrait a fait couler beaucoup
d'encre à Voltaire et à madame du Châtelet. Celle-ci avait appris de
Thieriot que Frédéric allait envoyer son portrait à Voltaire; elle écrit
à Le Chambrier (voir la prochaine note) pour qu'il l'envoie à Cirey,
malgré l'absence de Voltaire (Best. D 1232, madame du Châtelet à
Thieriot, 21 décembre [1736]; Best. D 1240, de la même au même, 31
décembre [1736]; cf. Best. D 1250). Voltaire, informé sans doute par
madame du Châtelet ou par Thieriot, écrit vers le 10 janvier pour
remercier le prince de son cadeau, et pour justifier l'action de son
amie: 'J'ay apris que mr Chambries [*sic*] avoit retiré le portrait à la
poste, mais sur le champ madame du Chastelet [...] luy a écrit que ce
trésor étoit destiné pour Cirey' (Best. D 1251). Mais il apprend bientôt
que ce que Frédéric lui avait envoyé était non un portrait, mais un buste
de Socrate en pommeau de canne! (Best. D 1255, Voltaire à Frédéric, [c.
15 janvier 1737]; voir aussi Best. D 1307, du même au même, [c. 30 mars
1737]). Frédéric alors s'évertue à faire exécuter un vrai portrait
(Best. D 1311, Frédéric à Voltaire, 7 avril 1737), qui arrive enfin à
Cirey avant la fin du mois de juillet (Best. D 1359, Voltaire à
Frédéric). Desfontaines, qui connaissait Thieriot, a dû entendre parler
des lettres et des cadeaux du prince royal, mais, soit ignorance, soit
malice, il déforme sérieusement les faits.

ll.66-67 : Le résident de Prusse à Paris était le baron Jean le
Chambrier. Voltaire s'en était informé auprès de Berger, Best. D 1160,
[c. 1 octobre 1736].

LA VOLTAIROMANIE

Titre, l.iv : On trouvera une discussion de cette attribution de *La
Voltairomanie* à un 'Jeune Avocat' dans mon introduction, pp.XLIV-XLV.

ll.1-2 : Ce 'Libelle' est *Le Préservatif, ou critique des Observations
sur les Ecrits Modernes*. A la Haye. Chez J. Neaulme. M. DCC. XXXVIII. *Le
Préservatif* est réimprimé, dans l'édition *39*, à la suite de la
Voltairomanie.

ll.11-12 : Allusion aux bastonnades que Voltaire avait reçues ou était
censé avoir reçues: voir la note de Desfontaines à la l.64.

ll.13-14 : L'édition Neaulme du *Préservatif* fut publiée anonymement.

l.15, n.(*), ll.i-ii : Desfontaines vise sans doute L. Prault, l'éditeur préféré de Voltaire depuis sa brouille avec Jore (voir Best. D 1817, Prault à Madame de Champbonin, 24 janvier 1739). Prault fut notamment l'éditeur de l'édition française des *Eléments de la philosophie de Newton* (voir la note aux ll.55-58). Il exerçait également, comme beaucoup d'éditeurs de l'époque, les fonctions de libraire: Voltaire lui écrivait pour commander des livres (voir, par ex. Best. D 1535, 28 juin 1738), mais il n'était pas 'colporteur' de livres.

l.15, n.(*), ll.ii-v : Il s'agit sûrement soit de l'abbé Michel Linant (né à Louviers, donc 'Normand', ce protégé de Voltaire se révéla incompétent à la fois comme auteur tragique et comme précepteur du fils de madame de Châtelet, mais resta en assez bons termes avec son protecteur); soit plus probablement de l'abbé de La Marre, autre protégé de Voltaire, auquel celui-ci confia certaines de ses pièces (voir Best. D 1536, Voltaire à d'Argental, [*c.* 1 juillet 1738]; Best. D 1686, Madame de Graffigny à Devaux, [12 décembre 1738]); c'est La Marre qui envoya *La Voltairomanie* à Cirey bientôt après sa publication (Best. D 1723, Madame du Châtelet à d'Argental, 29 décembre 1738). Linant et La Marre étaient tous deux à Paris pendant l'année 1738.

l.18 : C'est sans doute à ces paroles que pense Voltaire quand il dit qu'il est *'traitté [...] d'athée'* dans *La Voltairomanie* (Best. D 1760, à Moussinot, 10 [janvier 1739]).

ll.38-41 : Certains lecteurs modernes seraient peut-être enclins à souscrire à ce jugement négatif du théâtre de Voltaire; pourtant il est de fait que Voltaire a dominé la scène française pendant sa vie (v. Cl. Alasseur, *La Comédie française au 18e siècle*, Paris, 1967, pp.138-141).

l.41, n.(*), ll.i-v : Epître *A Madame la Marquise du Chastelet*, dans *Alzire, ou les Américains. Tragédie de M. de Voltaire. A Paris chez Jean-Baptiste-Claudien Bauche*, 1736, p.[iii]. Voltaire avait écrit non pas: 'cette *Pièce* est un', mais 'Quel foible hommage pour vous qu'un'; et '& dans l'obscurité', au lieu de '& l'obscurité'. Le reste de la citation est exacte.

ll.41-45 : L'épopée de Voltaire parut d'abord sous le titre de *La Ligue ou Henry le Grand*, à Genève, en 1723; la première édition du poème portant le titre de la *Henriade* fut imprimée à Londres en 1728: voir *La Henriade*, éd. citée, pp.234-236); on y trouvera également (pp.189-213) un résumé des réactions, plutôt favorables, quoi qu'en dise ici Desfontaines, des lecteurs contemporains. Desfontaines avait critiqué assez sévèrement certains aspects du poème de *La Ligue* en 1725 dans son *Apologie de Monsieur de Voltaire adressée à lui-même* (sur cette *Apologie*, voir mon introduction, pp.XVII-XVIII, et ma note aux ll.278-281): selon lui, c'est un poème qui manque d'intérêt, qui est plein d'incohérences et d'expressions vicieuses. Pourtant, Desfontaines allait cinq ans plus tard porter un jugement tout différent sur cet ouvrage qui était devenu *La Henriade* (*Le Nouvelliste du Parnasse*, Lettre 13, vol. I, 1731, pp.306-310): 'Quelque chose qu'on dise, on lit ce Poëme avec plaisir, & presque toujours avec admiration. [...] Puisqu'elle [*La Henriade*] est si goûtée dans un siècle éclairé & délicat, n'est-elle pas conforme à la principale [règle] de toutes [celle de plaire]'. Le merveilleux qu'a inventé Voltaire 'donne lieu à des fictions sublimes, à des images vives, à des portraits brillans, à des traits sentientieux, & à des épisodes heureux & agréables' (pp.306-308). La différence entre ces deux jugements s'explique sans doute par le fait que *Le Nouvelliste du Parnasse* était soumis à la censure, parce qu'il jouissait d'un privilège.

ll.45-46 : Publié en 1733 et remanié à plusieurs reprises, cet ouvrage de critique moitié prose, moitié poème, où Voltaire disait son mot aux hommes de lettres de son temps, lui attira bien des ripostes. Il trouva pourtant des défenseurs, tel l'abbé Prévost (*Le Pour et Contre*, no. 5, vol. I, 1733, pp.97-114, et no.6, même volume, pp.170-172). Il sera encore question du *Temple du goût*, ll.113-114. En attendant l'édition que va en donner O.R. Taylor dans *The Complete Works of Voltaire*, on consultera celle qu'en a donnée E. Carcassonne (Paris, 1938).

ll.46-50 : L'*Histoire de Charles XII, roi de Suède, par M. de V **** parut en novembre 1731, à Basle (= Rouen). A l'époque, Desfontaines, qui en fait le compte-rendu dans *Le Nouvelliste du Parnasse* du 21 décembre 1731 (Lettre 47, vol.III, 1731, pp.358-360) se montre admirateur de cette *Histoire*, qui est 'lûë & goûtée de tout le monde, soit pour les faits qu'elle contient, soit pour la manière agréable dont ils sont contés'. Il prétend - sans ironie semble-t-il - qu'il ne connaît pas assez l'histoire de Suède pour juger si l'*Histoire de Charles XII* est un roman plutôt qu'un compte-rendu historique. L'ouvrage bénéficia d'un autre compte-rendu favorable, dans le *'Journal de Trévoux'* (*Mémoires pour l'histoire des sciences et des beaux-arts*, mars 1731, pp.389-408 et septembre 1732, pp.1554-1574).

ll.50-52 : Il n'est pas vrai qu'à l'époque où Desfontaines écrivit ceci, Voltaire n'avait pas le droit de revenir à Paris à cause de l'arrêt du Parlement contre les *Lettres philosophiques*: nous possédons la lettre qu'écrivit à Voltaire le lieutenant général de police à Paris, R. Hérault, le 2 mars 1735, pour lui assurer que

> Son Eminence et m. le garde des Sceaux m'ont chargé, Monsieur, de vous mander que vous pouvés revenir à Paris lorsque vous le jugerés à propos. Ce retour a pour condition que vous vous occuperés icy d'objets qui ne donneront plus aucun sujet de former contre vous les mêmes plaintes que par le passé (Best. D 848).

D'ailleurs Voltaire était allé à Paris depuis la publication des *Lettres philosophiques*, en avril 1736 par exemple (Best. D 1067), comme le fait valoir Madame du Châtelet dans sa réponse à *La Voltairomanie* (Best. app. D 51). Pourtant l'arrêt du Parlement ne laissa pas de causer des soucis à Voltaire en 1738-1739, car Madame du Châtelet fait entendre que Voltaire avait peur de procéder juridiquement contre *La Voltairomanie* 'à cause de ce malheureux décret des lettres philosophiques qui n'est pas purgé' (Best. D 1763, à d'Argental, 10 janvier [1739]). Les *Lettres philosophiques* (dans la version anglaise) avaient été louées par l'abbé Prévost (*Le Pour et Contre*, vol.I, Lettre 11, pp.241-249, Lettre XII, pp.272-87 et Lettre XIII, pp.297-308).

ll.53-54 : Desfontaines déforme les faits. L'*'Arrest de la cour du parlement'*, en date du 10 juin 1734, qui ordonne que le livre des *Lettres philosophiques* soit 'lacéré et brûlé dans la cour du Palais [...] comme scandaleux, contraire à la Religion, aux bonnes moeurs & au respect dû

aux puissances', ne porte pas d'ordre de sévir contre leur auteur: ce
sont 'ceux qui ont composé, imprimé, vendu, débité ou distribué ledit
Livre' qui seront poursuivis par le 'Procureur général du Roy' (ce
document est reproduit en facsimilé dans le troisième tome de *Voltaire's
Correspondence, edited by Theodore Besterman* (Genève, 1953), pp.267-268,
et transcrit en appendice (Best. app. D 31, no.VI) dans l'édition
définitive de *Voltaire's Correspondence*, vol.II). Ce fut par une lettre
de cachet, signée par le comte de Maurepas, que fut signifié l'ordre
d'arrêter Voltaire (Best. D 731, 3 mai 1734); celui-ci en évita l'effet
en s'éloignant de Paris (Best. D 745, 23 mai [1734]); bientôt il parut ᴀᴜ
siège de Philippsbourg (voir 11.317-319).

ll.55-58 : Les *Eléments de la philosophie de Newton* parurent en effet en
deux éditions, portant chacune la date de 1738: l'une, *A Amsterdam, chez
Etienne Ledet et compagnie*, l'autre *A Londres* (= Prault, Paris). C'est
l'édition de Prault qui est due à Voltaire lui-même (voir Best. D 1341,
Voltaire à Pitot, 20 juin [1737]); il avait originellement eu l'intention
de faire publier par Ledet la version 'officielle' de l'ouvrage, et avait
même séjourné chez le libraire afin de surveiller cette publication,
mais, ayant entendu dire que les *Eléments* pourraient paraître en France
avec privilège, il préféra confier son oeuvre à Prault, tout en laissant
à Ledet le 'droit' de publier une édition hollandaise, pour laquelle il
lui envoya les chapitres de l'ouvrage à mesure qu'ils étaient prêts
(Best. D 1384, Voltaire à Moussinot, 4 novembre [1737]). En raison des
délais de la part des censeurs, Voltaire n'envoya pas les derniers
chapitres à Ledet qui, las d'attendre, fit paraître son édition en avril
1738, ayant fait écrire ces chapitres par un autre. Voltaire en était
très mécontent (Best. D 1489, à Thieriot [1 mai 1738]; Best. D 1492, 5
mai [1738], au même). Après bien des retards, l'édition française reçut
non un privilège mais une permission tacite (les censeurs étaient Pitot
et Montcarville), et parut en août 1738 (Best. D 1597, Madame du Châtelet
à Algarotti; Best. D 1602, Voltaire à la *Bibliothèque française*, 30 août
1738). Voltaire fit alors parvenir à Ledet les changements qu'il
désirait que celui-ci apportât à une réimpression hollandaise de
l'ouvrage (Best. D 1602; Best. D 1605, Pitot à Ledet et Desbordes, 30
août 1738).
        Desfontaines affichait un mépris profond non seulement des
Eléments, mais aussi du newtonianisme, 'qui est une mauvaise physique,
réprouvée de tous les bons Philosophes de l'Europe'; 'Il ne faut que
rappeler son esprit au grand principe des idées claires, pour avoir un
souverain mépris d'une pareille physique, qui a ébloui M. de *V.*' (voir
Observations, Lettre 213, 11 octobre 1738, vol.XV, 1738, pp.49-67, et
Lettre 214, 16 octobre 1738, même volume, pp.73-89; les citations sont
aux pages 50 et 75). Selon Morris (p.231), l'antinewtonianisme de
Desfontaines est le résultat de son 'désir insatiable de contredire
Voltaire à tout propos'. Desfontaines s'oppose naturellement à une
accusation semblable: 'Ce n'est point parce que M. de Voltaire est
Neutonien que nous nous déclarons contre le Neutonianisme' (*Observations*,
Lettre 293, 13 janvier 1740, vol.XX (1740), p.185). C'est apparemment
Desfontaines qui inventa ou qui mit en circulation le bon mot selon
lequel Ledet aurait dû donner aux *Elements* non le titre qu'il y donna en
effet: *Eléments de la philosophie de Newton, mis à la portée de tout le
monde*, mais: ... *mis à la porte de tout le monde* (cf. Morris, p.56, et
p.231, n.80).
        En général, bien que la publication des *Eléments* ait suscité

beaucoup d'intérêt, la réaction de la critique a été plutôt hostile
envers cet ouvrage qui remettait en question tant de préjugés: voir le
sommaire que donne Besterman dans le comm. 1 à Best. D 1571, et l'ouvrage
de N. Regnault, *Lettre d'un physicien sur la philosophie de Neuton, mise
à la portée de tout le monde* (*s.l.*, 1738 - cf. Best. D 1570, Voltaire à
Thieriot, 3 août 1738, et Barbier, *Dictionnaire des ouvrages anonymes*,
vol.II, p.1161). L'article que consacre aux *Eléments* le '*Journal de
Trévoux*' (*Mémoires pour l'histoire des sciences et des beaux-arts*, août
1738, art. XCI, pp.1669-1709; septembre 1738, art. XCIX, pp.1846-1867, et
art. C, p.1867), est loin d'être complètement hostile. Le journaliste
jésuite prend au sérieux l'ouvrage de Voltaire: bien qu'il chicane
celui-ci sur plusieurs points de physique, il admet que Descartes avait
souvent tort; mais la perspective reste fondamentalement cartésienne: 'Le
système de M. Newton est mathématiquement, géométriquement,
hypothétiquement admirable; il perd toute sa force, dès qu'on le prend
physiquement, littéralement & historiquement'.

l.60, n.(**) : Je n'ai pas réussi à trouver ces 'Lettres de Londres'.

l.64, n.(*), ll.i-iii : Ce fut en mai 1717 qu'un officier du régiment de
Provence, Salenne de Beauregard, qui était en même temps un informateur
employé par la police, s'insinua dans les bonnes grâces de Voltaire et
réussit à en tirer l'aveu qu'il était l'auteur de la satire *Puero
regnante*, dirigée contre le Régent (voir Best. D 45), ce qui valut au
poète un séjour de onze mois à la Bastille (mai 1717-avril 1718). En
juillet 1722, à Sèvres, Voltaire fut encore une fois victime de
Beauregard, qui lui infligea une bastonnade (il est question de cet
incident plus loin dans *La Voltairomanie*, ll.494-543); dès ce moment,
Voltaire n'eut de cesse qu'il ne réussît à faire emprisonner Beauregard
(cf. Best. D 114, Comm.; Best. D 168).
    L'allégation de Desfontaines, selon laquelle Voltaire aurait reçu
une somme de la part du Régent pour le compenser de la bastonnade qu'il
avait subie à Sèvres, n'a été, que je sache, faite par nulle autre
contemporain de Voltaire. Mais certains ont prétendu que Voltaire reçut
une ou plusieurs sommes d'argent pour le compenser de son emprisonnement
injuste à la Bastille en 1717-1718 (voir par ex. Baculard d'Arnaud,
Préface d'une édition des oeuvres de M. de Voltaire in Longchamp et
Wagnière, *Mémoires sur Voltaire*, Paris, 1826, vol.II, pp.490-491). R.E.
Waller a étudié de près cette dernière question, qui est assez complexe
('Voltaire and the Regent', *Studies on Voltaire*, vol.127, 1974,
pp.25-33). Il conclut que Voltaire aurait reçu, sur les ordres du
Régent, une gratification de 1000 livres, en l'automne de 1721, et une
'pension' de 2000 livres, vers le mois de janvier 1722, mais que ces
sommes, accordées à Voltaire plus de trois ans après son séjour à la
Bastille, ne peuvent pas être des paiements compensatoires (pp.30-33).
On peut ajouter que, la bastonnade de Sèvres ayant eu lieu en juillet
1722, ces paiements, dont le second date de janvier 1722, ne peuvent pas,
contrairement à ce que dit Desfontaines, être vus comme une compensation
pour cette bastonnade. M. Waller a récemment découvert un document qui
prouve incontestablement qu'une autre 'pension' de Voltaire, celle de
1200 livres, dont parle Longchamps (éd. citée, vol.II, p.334), ne fut
nullement le résultat d'un acte de générosité de la part du Régent, mais
une rente payée contre une somme de 12.000 livres que Voltaire avait
investie auprès du fils du Régent en 1744 ('Voltaire's "pension from the
Regent"', à paraître dans les *Studies on Voltaire*, vol.219, 1983; je

remercie M. Waller de m'avoir permis de consulter le manuscrit de cet
article à la Voltaire Foundation, où je ai pu le lire grâce à
l'obligeance de M. A. Brown et de ses collègues). L. Foulet avait déjà
suggéré que ce paiement de 1200 livres était en effet une pension viagère
(*Correspondance de Voltaire (1726-1729)*, Paris, 1913, p.241).

Il est curieux de constater que Voltaire, dans une lettre ouverte
à la *Bibliothèque française* du 20 septembre 1736, raconte que J.-B.
Rousseau avait reçu 'cent coups de canne de mr de la Faye' et qu'il
s'accommoda avec son agresseur 'pour cinquante Louis qu'il n'eut point'
(Best. D 1150); en parlant d'un incident semblable qui serait arrivé à
Voltaire, Desfontaines cherche peut-être à venger son idole, Rousseau, de
cette accusation déshonorante.

l.64, n. ll.iii-vi : Voltaire et le chevalier de Rohan-Chabot s'étant
mutuellement insultés à la Comédie Française, dans la loge d'Adrienne
Lecouvreur, puis à l'Opéra, le chevalier fit appeler Voltaire, comme il
dînait chez le duc de Sully, rue Saint-Antoine, et le fit étriller dans
la rue par ses laquais (février 1726); Sully refusa d'intervenir.
Voltaire exprima à tout venant son désir de vengeance, ce qui fit que
Maurepas crut prudent de l'embastiller, puis de lui permettre d'aller en
Angleterre (Best. D 260-D 272, et D 287, et Best. *Voltaire*, pp.113-116).

l.64, n.ll.vi-xi : La correspondance de Voltaire ne fournit aucune preuve
à l'appui de cette allégation de Desfontaines, mais il est vrai que
Voltaire eut certains démêlés avec des libraires anglais (voir Best. 329,
Best. D 334, et L. Foulet, *Correspondance de Voltaire (1726-1729)*,
pp.126-153).

ll.66-67 : Un exemple de ce prétendu *ménagement*: la revue que donne
Desfontaines de *l'Enfant prodigue* de Voltaire (dont il n'était pas encore
publiquement reconnu comme auteur, voir Best. D 1167 et 1168),
Observations, Lettre 88 (27 octobre 1736), vol.VI, pp.331-336.
L'Observateur, qui avait soupçonné la paternité de l'ouvrage, commence
par un éloge mitigé: 'La nouvelle comédie, malgré ses endroits
répréhensibles, a un succès, qu'elle mérite par les grandes bautez dont
elle brille'; il poursuit sur le même ton, mêlant critiques et louanges.
(Voir aussi un second compte-rendu, Lettre 102, 2 février 1737, vol.VII,
1736 [*sic*], pp.287-288).

ll.67-70 : *Observations*, Lettre 218 (8 novembre 1738), vol.XV (1738),
p.185. Desfontaines y prend la défense de *Zaïre* contre les critiques
qu'en avait faites Fuselier dans son *Discours sur les parodies*, qui
servait de préface à une nouvelle édition des *Parodies du nouveau théâtre
italien*:

> Il y a beaucoup de vivacité & peut-être un peu d'aigreur [...] dans
> le Jugement qu'il porte de la *Tragédie de Zaïre*, qu'il traite avec
> un injuste mépris & dont il outre la censure. Si cette Piéce étoit
> telle qu'il la représente, continueroit-elle de plaire au Public,
> comme elle lui plaît depuis plusieurs années. Elle a des défauts
> sans doute; mais elle a aussi de grandes beautés. Nous nous
> croyons heureux d'avoir trouvé cette occasion de prendre le parti

de M. de V., que nous ne sommes pas disposez à flater.

Voir, à propos de cette défense, mon introduction, p.XLI.

ll.77-87 : La 'Préface', c'est-à-dire le *Discours préliminaire* d'*Alzire*, est une défense faite par Voltaire de ses ouvrages, contre ses détracteurs. La citation de Desfontaines n'est pas tout-à-fait fidèle, puisque Voltaire avait écrit: à la l.82, 'mutuellement?', et non 'cruellement?'; et à la l.86, 'd'un Public', et non 'du Public' (*Alzire*, éd. citée, pp.iii-iv, et M. III, p.380).

ll.95-99 : C'est-à-dire le Maître de philosophie dans le *Bourgeois gentilhomme* de Molière (acte II, sc.iii).

ll.100-101 : Le *Préservatif*, XXVII, pp.40-42, M. p.386; lettre que l''auteur' du *Préservatif* prétend lui avoir été envoyée par Voltaire. Elle raconte l'histoire des rapports de Desfontaines et de Voltaire d'une manière très défavorable à l'abbé. Il s'agit, selon Voltaire (Best. D 1665) d'une lettre écrite à Maffei vers 1736. Elle est reproduite sous le numéro Best. D 1147. Voir mon introduction, pp.XXXII-XXXIII.

ll.103-104 : Il n'est resté aucune trace de ce *Mémoire*; Madame du Châtelet semble vouloir en nier l'existence, car elle en dit à propos de cette phrase de *La Voltairomanie*: 'on ignore si m^r de Voltaire a jamais fait quelque mémoire pour justifier l'abé Desfontaine' (*Réponse à La Voltairomanie*, Best. app. D 51). Peut-être Desfontaines fait-il allusion à la lettre que Voltaire écrivit à d'Ombreval (Best. D 234 [29 mai 1725] = Ravaisson, p.122) pour justifier l'abbé: 'S'il a été coupable de quelque indiscrétion, il en a été bien cruellement puni; mais je puis vous assurer qu'il est incapable du crime infâme qu'on luy attribue, et que d'ailleurs il mérite par sa probité, et j'ose dire par son malheur, que vous luy donniez votre protection et que vous daigniez parler en sa faveur à Mgr le duc'.

ll.105-107 : Cette affirmation est dirigée contre Le *Préservatif*, XXVII, p.41, M. p.386, même lettre de Voltaire (Best. D 1147): '*enfin j'obtins & son élargissement & la discontinuation d'un procès où il s'agissoit de la vie, je lui fis avoir la permission d'aller à la campagne chez M. le President de Bernière mon ami*'. L'importance du rôle de Voltaire dans la libération de Desfontaines a été discutée dans mon introduction, pp.XIII-XVII. 'Feu Mr. le Président de Bernière' (ll.105-106): il est mort en 1734 (Morris, p.24).

ll.106-107 : Il est vrai que Voltaire avait un appartment dans la maison que louaient monsieur et madame de Bernières à Paris, mais il est faux qu'ils aient logé le poète 'par complaisance', puisque Voltaire payait 'une très forte pension' (Best. D 240, Voltaire à Thieriot, [27 juin 1725]; voir aussi le premier mémoire de Voltaire contre Desfontaines, M. XXIII, p.38, et le *Mémoire sur la satire*, M.XXIII, pp.61-62); il faisait même faire, à ses propres frais, d'assez importants travaux (Best. D 1759, Madame de Bernières à Voltaire, 9 janvier 1739), mais il ne s'y plaisait guère, à cause des bruits de la rue (Best. D 206, Voltaire à Thieriot, 10 septembre [1724]). Cette maison est connue actuellement comme le n° 1 de la rue de Beaune, ou comme le n° 27 du quai Voltaire; le

bail de sous-location était établi au nom de madame de Bernières (voir J.
Hillairet, *Dictionnaire historique des rues de Paris*, Paris, 1963, vol.I,
p.661, qui donne une photographie de la maison et quelques détails
supplémentaires). Henri de Maignard, marquis de Bernières et seigneur de
La Rivière-Bourdet, était président à mortier au Parlement de Normandie;
sa femme était l'amie de Voltaire, qui lui écrivait très souvent dans les
années 1722-1726.

l.107, n.(*), ll.i-ii : Dans le premier mémoire contre Desfontaines,
Voltaire répond à cette accusation en affirmant que sa famille 'a été
longtemps dans la judicature en province, et n'a exercé aucun de ces
emplois que la vanité appelle bas et humiliants' (M.XXIII, p.35; cf.
Mémoire sur la satire, M.XXIII, p.61). Le père de Voltaire, François
Arouet, était notaire et conseiller du roi; son grand-père paternel, qui
se nommait aussi François, était marchand de drap; et son arrière
grand-père, tanneur. Son grand-père maternel était officier au parlement
et apartenait à la petite noblesse de campagne (Best. *Voltaire*, p.19).
A noter que dans la lettre à la *Bibliothèque française* déjà citée (Best.
D 1150), Voltaire avait tâché d'humilier J.-B. Rousseau en disant que le
père de celui-ci chaussait le père de Voltaire depuis vingt ans, et que
lui, Voltaire, avait un valet de chambre proche parent du poète.

l.107, n.(*), ll.iii-iv : Voltaire n'aimait guère le Président de
Bernières (voir par ex. Best. D 239), mais l'incommodité de l'appartement
que celui-ci lui louait, et le prix élevé du loyer, sans parler du voyage
en Angleterre, suffisent à expliquer le départ de Voltaire, sans qu'il y
ait besoin d'invoquer la querelle avec Rohan-Chabot dans la loge
d'Adrienne Lecouvreur (v. ma note aux ll.iii-vi de la note de
Desfontaines, l.64).

ll.107-111 : Il est vrai que Desfontaines s'abstint de critiquer
publiquement Voltaire depuis l'époque de l'*Apologie* jusqu'en 1735,
c'est-à-dire, pendant environ dix années.

ll.112-113 : Cette 'réflexion critique' se trouve dans les *Observations*,
Lettre 27 (16 septembre 1735), vol. II (1735), pp.270-272: parlant de
l'édition de *La Mort de César* parue 'depuis quelques jours' (édition
d'Amsterdam, publiée sans le consentement de l'auteur), Desfontaines se
moque du fait que tous les personnages de la pièce se tutoient; il
prétend que Brutus, 'ce Romain, plus Quakre que Stoïcien, a des
sentiments plus monstrueux qu'héroïques', et que 'le caractère de César
est un peu foible'. Il ajoute:

> Cette Tragedie, (si on peut lui donner ce nom) malgré tous
> ses défauts, porte toujours l'empreinte de son Auteur, c'est-à-
> dire, d'un grand genie & d'un grand écrivain. On y admire
> plusieurs pensées vîves, mâles, & neuves, et de fort beaux vers.
> Mais qu'il y en a de foibles et de durs! Que d'expressions
> vicieuses! Que de mauvaises rimes! je crois que l'Auteur [...] ne
> regarde lui-même cet ouvrage que comme une tentative singuliere
> [...]; je suis persuadé enfin, qu'il n'a jamais fait cette piéce

pour la scene Françoise, encore moins pour l'impression (pp.271-272).

Desfontaines oublie, dans *La Voltairomanie*, de dire que Voltaire lui avait écrit une lettre (Best. D 910, 7 septembre 1735), avant la parution de la 'réflexion critique', où il le priait de dire dans les *Observations* que le texte de *La Mort de César* avait été tellement corrompu que 'cette pièce n'est point telle que je l'ai faite'. Au lieu de supprimer la critique qu'il venait d'écrire, ou de la modifier à la lumière de cette lettre, Desfontaines se contenta de l'imprimer telle quelle; et au lieu de 'dire deux mots dans l'occasion' à propos de cette mauvaise édition hollandaise, comme Voltaire l'en priait , il reproduit cette lettre telle quelle, immédiatement après son compte-rendu défavorable, en faisant entendre qu'il venait de la recevoir 'dans l'instant', c'est-à-dire trop tard pour faire des changements à son article (pp.273-274); pour comble d'insulte, il donna l'en-tête de la lettre: 'A Cirey près de Vassy en Champagne ...'. Voltaire ne lui pardonna sans doute pas 'cette grossièreté [...], cette faute contre la société' (Best. D 922, à Asselin, 4 octobre), ou pour mieux dire cette indiscrétion qui révélait au public qu'il séjournait chez madame du Châtelet (Best. D 924, Voltaire à Thieriot, même date; cf. Best. D 923 et D 925, et Nisard, pp.61-64; voir aussi mon introduction, p.XXVIII).

ll.113-114 : *Observations*, Lettre 1 (5 mars 1735), vol.I (1735), pp.1-11: l'Observateur donne un compte-rendu de l'édition du *Temple du goût* parue à Amsterdam en 1733; il fait remarquer les changements que Voltaire a fait subir à son ouvrage depuis la première édition, afin de parer à la critique; en somme, la revue est caractérisée par le sarcasme plutôt que par le badinage. A remarquer qu'on attribue quelquefois à Desfontaines deux libelles anonymes: les *Observations critiques sur le temple du goût*, 1733, et l'*Essai d'apologie des auteurs censurés dans le Temple du Goût* (cf. Besterman, D 642, comm.1, et Nisard, pp.53-55). Cioranescu attribue les *Observations critiques* à Jean du Castre d'Auvrigny (*Bibliographie de la littérature française du dix-huitième siècle*, no.25672). M. O.R. Taylor, dans son édition critique du *Temple du goût* (à paraître dans *The Complete Works of Voltaire*) suggère que l'*Essai d'apologie* pourrait être de Pierre Charles Roy (communication personnelle de M. Taylor).

ll.115-116 : Cette lettre ne figure pas dans la correspondance de Voltaire.

ll.116-117 : Si l'on en croit Desfontaines (*Observations*, Lettre 108, 9 mars 1737, vol.VIII (1737), pp.57-59), qui répond à l'accusation d'incohérence dans ses jugements sur *La Mort de César* que lui avait faite le chevalier de Mouhy (*Le Mérite vengé, ou conversations littéraires et variées sur divers écrits modernes, pour servir de réponse aux 'Observations' de l.Ab. Des F.*, Paris, 1736, pp.254-255), quand l'Observateur eut appris que le compte-rendu du 16 septembre 1735 avait offensé l'auteur de *La Mort de César*, il s'empressa d'offrir une réparation:

> j'eus recours à un ami commun, & je le priai de representer à M. de
> V. que je l'avois autrefois tant loüé, qu'il avoit été raisonnable,
> & même du bon air, de le critiquer un peu [...]. Pour calmer son
> esprit irrité, nous nous avisâmes d'un moyen: ce fut de concerter

> ensemble une Lettre apologétique adressée à moi, qui seroit
> imprimée dans les *Observations*, & ensuite une approbation
> particulière [écrite par Desfontaines seul] de cette Lettre. [...]
> Le projet fut heureusement exécuté dans la 34e Lettre des
> *Observations*, datée du 5 Novembre 1735; & cette Lettre imprimée
> ayant été envoyée sur le champ à M. de V. à qui l'on n'avoit fait
> aucune part du projet, il m'en témoigna sa satisfaction, par une
> Lettre datée de Cirey le 14 du même mois [Best. D 940, citée dans
> la note suivante]. Cette Réponse de M. de V. me fit un plaisir
> extrême, & je me crus parfaitement reconcilié avec cet Auteur, que
> j'aimois'.

J'ai cité ce morceau parce qu'il présente les événements autrement que ne
le fait M. Besterman dans la correspondance de Voltaire: selon Besterman,
la lettre qui figure dans la 34e Lettre des *Observations*, et qu'il
imprime sous le numéro Best. D 929, est de la main du seul Thieriot (voir
Best. D 929, 'Textual notes'); étant donné la paresse de celui-ci, la
collaboration de Desfontaines n'a rien d'invraisemblable. Quoi qu'il en
soit, cette 'Lettre de Mr. *** à l'Auteur des *Observations sur les Ecrits
modernes*' présente, comme le dit Desfontaines, une apologie de *La Mort de
César* qui insiste à la fois sur le mérite artistique de la pièce et sur
le fait que l'édition qu'avait lue l'Observateur était défectueuse, ayant
paru sans le consentement de l'auteur (Lettre 34, 5 novembre 1735,
vol.III, 1735, pp.81-85); elle était suivie des 'Sentimens de l'Auteur
[des *Observations*] sur la Lettre' (c'est 'l'approbation particulière'
dont parlait l'Observateur dans sa 108e lettre): Desfontaines y reconnaît
avoir basé ses remarques sur une édition fautive qu'il prétend avoir
faussé son jugement, admet qu'il avait eu tort de dire que la pièce
pouvait blesser la morale, et affirme que *La Mort de César* est 'un
excellent ouvrage, digne de passer à la postérité' (ibid., pp.88-90).
Mouhy attribue la rétractation de Desfontaines à la peur qui l'aurait
saisi, 'à peu près comme les criminels, quand le crime est commis', à la
vue d'une lettre de Voltaire, 'forte & du haut ton', adressée à un tiers
et où le poète reprochait à Desfontaines son ingratitude (s'agit-il de
Best. D 922, à Asselin, 4 octobre [1735], ou de Best. D 924, à Thieriot,
même date? Voltaire assure s'être servi d'Asselin et de Thieriot, entre
autres, comme intermédiaires entre lui-même et Desfontaines, Best. app. D
54, para. 6): 'Il n'y avoit plus de remede', poursuit Mouhy, 'qu'en
faisant une réparation autentique' (*Le Mérite vengé*, pp.255 et 259).
Cette accusation n'est guère convaincante: la rétractation de
Desfontaines est motivée plutôt par la prudence que par la peur. Le fait
que Desfontaines revient dans *La Voltairomanie* à l'opinion qu'il avait
exprimée dans son premier compte-rendu de la pièce nous permet de
soupçonner en tout cas que la rétractation de novembre 1735 n'était pas
totalement sincère.

ll.118-121 : Cette lettre 'd'amitié & de réconciliation parfaite' figure
dans la correspondance de Voltaire sous le no. Best. D. 940; Besterman
suit le texte qu'en a donné l'édition de Kehl; ce texte est à la fois
incorrect et incomplet, si l'on en juge par la version qu'imprime
Desfontaines dans l'*Observateur* (Lettre 108, 9 mars 1737, vol.VIII, 1738,
pp.59-63). Voici le commencement de la lettre:

A Cirey le 14 Novembre 1735

"Si l'amitié vous a dicté, MONSIEUR, ce que j'ay lû dans la
"feüille 34e. que vous m'avez envoyée, mon coeur en est bien plus
"touché, que mon amour propre n'avoit été blessé des feüilles
"précédentes. Je ne me plaignois pas de vous *comme d'un critique*,
"mais comme d'un ami; car mes Ouvrages meritent beaucoup de
"censure; mais moi je ne meritois pas la perte de votre amitié.
"Vous avez dû juger, à l'amertume avec laquelle je m'étois plaint à
"vous-même, combien vos procedez m'avoient affligé, & vous avez vû
"par mon silence sur toutes les autres critiques, à quel point j'y
"suis insensible [Desfontaines et Kehl s'accordent sur le mot
insensible, remplacé dans les éditions ultérieures par *sensible*].

Suivent une défense de *La Mort de César* et de l'*Alciphron* de
Berkeley (Desfontaines ne fait que résumer le passage concernant ce
dernier ouvrage; Kehl le supprime tout simplement); puis Voltaire finit
par quelques traits ironiques:

"Vous devez connoître à la maniere dont j'insiste sur cet
"article [celui de l'*Alciphron*], que *je suis revenu à vous de bonne*
"*foy*, & que mon coeur *sans fiel & sans rancune* se livre au plaisir
"de vous servir, autant qu'à l'amour de la verité. Donnez-moi les
"mêmes preuves [Kehl: *des preuves*] de votre sensibilité, & de la
"bonté de votre caractère. [...] La pénitence que je vous impose,
"est de m'écrire au long ce que vous croyez qui ait besoin d'être
"corrigé [Kehl: *qu'il y ait à corriger*] dans mes Ouvrages, dont on
"prépare en Hollande une très-belle Edition. [...] Faites votre
"pénitence avec le zele d'un homme bien converti; & songez que je
"merite, par mes sentimens, par ma franchise, par la verité, & la
"tendresse qui sont naturellement dans mon coeur [Kehl omet le
"*naturellement*], que vous vouliez *goûter avec moi les douceurs de*
"*l'amitié & celles de la littérature*".

On peut soupçonner que le ton de ce dernier paragraphe déplut à
Desfontaines, et qu'il en a conclu que Voltaire ne cherchait aucunement
une réconciliation parfaite (cf. Nisard, p.72).

l.119, n.(**) : Cette lettre ne figure pas dans le cinquième volume des
Observations, mais bien dans le huitième (voir note précédente).

ll.121-122 : *Le Mercure de France* avait donné, dans sa feuille d'octobre
1735, un compte-rendu enthousiaste de *La Mort de César* (pp.2259-2271),
suivi du sommaire d'un avertissement envoyé au journal par Voltaire, où
celui-ci met en garde contre l'édition fautive d'Amsterdam, attire
l'attention sur le fait que la pièce ne met en scène aucune femme, et
finit par une attaque contre le compte-rendu de la pièce qu'avait donné
Desfontaines dans la 27e lettre des *Observations*: ce n'est pas là
l'*insulte* dont parle Desfontaines, puisque cette feuille du *Mercure* est
sans doute contemporaine de la 'Lettre particulière', et par conséquent
antérieure à la 'Lettre d'amitié & de réconciliation parfaite'. C'est de
la feuille suivante du *Mercure*, celle de novembre, que parle ici
Desfontaines: on y imprime la dernière scène de la tragédie, refondue par
l'auteur (pp.2378-2384), suivie de ce qui est à coup sûr la transcription

assez fidele de la lettre de Voltaire accompagnant cette dernière scène refondue (pp.2384-2386):

> on ne pouvoit juger ni de cette Scène, ni du reste de la Piece par l'Edition défectueuse qui a paru. Il est bien injuste de juger un Auteur quand on le voit ainsi défiguré; il est étonnant qu'on lui impute des Vers auxquels tout manque, souvent jusqu'à la mesure; il est encore plus étonnant que les Auteurs des Observations ayent voulu juger de la *Henriade*. Leurs Critiques sont faites avec bien peu de goût.
>
> Ils appellent cette Harangue d'Antoine une *Controverse*, disant que Brutus est plutôt un Quaker qu'un Stoïcien. Ne sçait-on pas que les Quakers sont des hommes pacifiques [...]? On dit encore que César est un homme foible dans cette Piece; il est cependant tendre, magnanime et ambitieux [...].
>
> Ils condamnent les Romains de se tutoyer; qui ignore que c'étoit l'usage [...]?

Voilà les 'insultes' dont se plaint Desfontaines. Il n'a pas compris, ou n'a pas voulu comprendre, que sans doute Voltaire avait envoyé ses vers et sa lettre au *Mercure* avant de voir dans les *Observations* la lettre Best. D 929, suivie de la rétractation de Desfontaines (voir mon introduction, pp.XXVIII-XXIX; cf. Morris, pp.52-53).

ll.122-123 : Lettre datée approximativement par M. Besterman du 5 décembre 1735, Best. D 957. Voici quelques exemples de cette *honnêteté* dont se targue Desfontaines:

> Comment, monsieur, vous imprimez des choses aussi peu honnêtes [dans le *Mercure*], après ce que j'ai fait en dernier lieu pour vous dire que cet air de mépris, cet air décisif, ne vous convient nullement? Vous m'avez écrit en particulier beaucoup de sottises. Je vous les pardonne; mais il n'en sera pas de même lorsque vous me les direz en public [...]. Je veux bien que vous sachiez qu'en toutes sortes de matières, et même sur *vos ouvrages de poésie*, je suis en état de vous donner des conseils, ayant l'étude et le jugement nécessaires et un goût qui passe pour assez sûr. [...]
>
> Enfin, monsieur, le trait du *Mercure* sera à jamais entre nous le *libelle du divorce*, si vous ne parlez autrement dans une lettre que vous aurez soin de faire imprimer dans le *Mercure*, ou ailleurs, et incessament [...].
>
> Je ne veux point avoir de querelle avec vous [...]. Cependant soyez persuadé que je viendrai à bout, par la justesse de mes raisonnements et peut-être par quelque autre autorité que j'ai acquises dans notre république des lettres, de vous faire passer pour le *Claudien du siècle* [...].

l.133 et n.(*) : Thelma Morris ne donne aucun détail sur la famille de Desfontaines. Les détails qu'en donne Desnoiresterres paraissent ne provenir que de cette note de *La Voltairomanie* (*Voltaire et la société au XVIII siècle*, Paris, 1871-1876, vol.I, p.321). Selon l'auteur de la préface de *L'Esprit de l'abbé Desfontaines* (vol.I, p.xiv), le père de Desfontaines était conseiller au Parlement de Rouen. Morris (p.24) cite une étude qui prouve que les deux dames dont parle ici Desfontaines

étaient soeurs consanguines du président de Bernières. Madame de
Bernières, dans sa lettre à Voltaire du 9 janvier 1739 nie, mais d'une
manière ambiguë, cette parenté que proclamait Desfontaines: 'Feu Monsieur
de Berniere et moi ne le connaissions [connaissions Desfontaines] que de
réputation, il n'est ni son parent ni le mien. Il est vrai qu'il avait
quelques alliances avec la belle-mère de mr de Berniere; mais cela
n'avait nul rapport avec nous' (Best. D 1759). Madame du Châtelet ne nie
pas non plus de façon positive la prétendue parenté: 'Au reste on ignore
si l'abé des Fontaines est son parent [celui du président de Bernières]
et c'est ce qui importe très peu' (Best. app. D 51). Voltaire nous
informe que Desfontaines avait 'un frère auditeur des comptes à Rouen'
('A M. ***, sur le Mémoire de Desfontaines', *in* M. XXIII, p.25).

ll.135-136 : Dans la lettre citée dans *Le Préservatif* (Best. D 1147),
Voltaire raconte comment il apprit que Desfontaines était à Bicêtre et
'qu'on lui faisait son procès dans les formes' (p.41, M. p.386); Voltaire
n'a donc pas employé dans cette lettre le terme de 'procès *criminel*',
mais il l'a employé dans une lettre à Asselin, directeur du collège
d'Harcourt (Best. D 922, 4 octobre [1735]). Desfontaines a peut-être
raison de faire entendre que l'affaire de Bicêtre n'a jamais pris la
forme d'un vrai procès criminel: à en juger par les documents publiés par
Ravaisson, tout a été mené par le lieutenant de police et ses agents, et
par le gouvernement, sans qu'un procès fût instruit. Madame du Châtelet
est d'un autre avis, car elle écrit à propos de ce passage de *La
Voltairomanie* que 'les pièces de son procès', (celui de Desfontaines)
doivent toujours être détenues par 'm̄ Rossignol' (Best. app. D 51; cf.
Best. D 1819, à d'Argental, 26 [janvier 1739]; Rossignol était un
greffier employé par Hérault, voir Ravaisson, p.64). Madame du Châtelet
montra peu de prudence en voulant se prévaloir des documents détenus par
la police concernant l'affaire de Desfontaines de 1725, car dans ce
dossier se trouvaient sans doute la dénonciation anonyme (Best. D 234),
et le rapport établi par Rossignol en 1730 (Boivin, pp.64-65) qui tous
deux impliquaient Voltaire dans ce scandale.

ll.137-138 : Le 'Magistrat de la Police': d'Ombreval. Sur cet 'ordre
précipité', et sur l'arrestation de Desfontaines, voir mon introduction,
pp.XI-XII.

ll.148-149 : Il est possible que Desfontaines fasse ici allusion à l'abbé
Théru ou à quelque autre ecclésiastique (voir Boivin, p.55).

ll.151-153 : Desfontaines cherche à diminuer la durée de son séjour à
Bicêtre: incarcéré le 2 mai 1725, il ne sortit de prison que le 30 du
même mois (Ravaisson, pp.114 et 122, n.2; Morris, pp.38-40), pour aller
en exil chez le président de Bernières; le 7 juin, il reçoit la
permission de revenir à Paris (Boivin, p.64, n.1; voir mon introduction,
pp.XV-XVI). La *Préface* de *L'Esprit de l'abbé Desfontaines* s'appuie sans
doute sur les ll.151-152 de *La Voltairomanie* pour affirmer que la
'disgrace' de Desfontaines 'ne dura que quinze jours' (p.xix). L''emploi
littéraire': Desfontaines était, depuis 1724, le principal rédacteur du
Journal des savants.

ll.153-155 : L'abbé Jean Paul Bignon fut le directeur du *Journal des
savants* de 1701 à 1714 et de 1723 à 1741 (*Histoire générale de la presse
française*, ed. C. Bellanger et autres, Paris 1969-1975, vol.I,

pp.135-137). Il avait déja témoigné en faveur de Desfontaines lors de sa
première arrestation (voir mon introduction, p.XII). La lettre que lui
écrivit d'Ombreval, datée du 27 juin, a été conservée:

> M. l'abbé Desfontaines est venu plusieurs fois chez moi
> pour m'engager d'avoir l'honneur de vous écrire en sa faveur. Je
> crois monsieur, que vous pourriez lui rendre le Journal des
> Savants, si vous n'avez point de raison particulière qui vous en
> empêche.
>   Cela contribuerait à le consoler et à effacer l'idée de ce
> qui lui est arrivé. Il me paraît un très habile homme, et il m'a
> parlé d'une manière depuis son élargissement qui me fait croire que
> vous aurez tout lieu d'en être content (Boivin, p.64).

Bignon était aussi le bibliothécaire principal de la Bibliothèque du Roi
depuis 1714. Voltaire avait été en correspondance avec lui (Best. D
509), et avait vanté, dans le *Temple du goût*, son zèle pour les lettres
(variante de l'éd. de 1733, M.VIII, p.585). Je reparlerai de Bignon dans
la note aux 11.162-174.

l.156, n.(**) : Dans *38*, cette note paraît en marge du texte, ce qui
indiquerait qu'elle a été ajoutée tardivement; dans *39*, elle paraît
normalement, en bas de page. Voir, sur le 'rétablissement' de
Desfontaines, mon introduction, pp.XX-XXI. Mouhy se moque sans doute
quand il prétend que c'est l'attitude que prenait Desfontaines à l'égard
de la *Mérope* de Maffei qui força 'ses illustres confreres' au *Journal des
savants* à le prier de 'cesser de les aider' en 1727 (*Le Mérite vengé*,
p.165).

ll.162-174 : *Le Préservatif*, XIV, p.23, M., p.379: Desfontaines 'fut
convaincu à la Chambre de l'Arsenal, d'avoir vendu trois Louis au
Libraire Ribou, ce Libelle qu'il avoit desavoüé sur *son honneur*; il fut
condamné & n'obtint que très-difficilement sa grace'. Cette 'harangue
fictive' était le *Discours que doit prononcer M. l'abbé SEGUY pour sa
réception à l'Académie Françoise*, brochure s.l.n.d. de quatre pages, qui
parut en janvier 1736, et dont la B.N. possède deux exemplaires, cotés
tous deux Z, Pièce 43 77 (67); c'était une satire des usages de
l'Académie, et de plusieurs de ses membres, y compris Sallier, Hardion,
Crébillon, et l'abbé Bignon: voici, par exemple l''éloge' de Bignon qui,
en plus de ses fonctions de bibliothécaire et de directeur du *Journal des
savants*, avait exercé celles de Directeur de la Librairie (1700-1714), de
Conseiller d'Etat (depuis 1701) et de Président du Bureau des affaires
ecclésiastiques (depuis 1712):

> J'irai ensuite chercher dans l'Antiquité le Geryon à trois
> testes pour peindre d'après lui cet homme inscrit des premiers sur
> votre liste [Bignon était entré à l'Académie en 1693], & qui réunit
> en lui trois hommes différens, le Magistrat, l'Ecclesiastique & le
> Lettré. Ses vertus allégorisées seroient le sujet de plus de
> Tableaux & d'estampes qu'il n'en reste dans la plus riche
> Bibliotheque de l'Univers (p.3).

Le ton de cette pièce semble bien anodin au lecteur moderne, mais au
XVIIIe siècle la plus légère atteinte à l'honneur des Quarante semble
avoir été considérée comme un crime, et une enquête fut instituée pour

découvrir les fauteurs du *Discours* (voir mon introduction, p.XXX). Dans
une lettre de 1736 au cardinal de Fleury, Desfontaines admet qu'il avait
donné cette satire à un libraire (citée Ravaisson, p.174), ce qui
contredit l'affirmation qu'il fait ici (11.164-165) de s'être *laissé
surprendre* par Ribou (voir aussi la lettre de Vantroux, conseiller au
Parlement, citée par Ravaisson, p.176 et corrigée par Boivin, p.67, où
Ribou est censé avoir dit que le manuscrit 'lui avait été remis par
l'abbé Des Fontaines'). Selon l'abbé d'Olivet (cité par Ravaisson,
p.175), il est difficile de croire que Desfontaines fût l'auteur de cette
pièce, étant donné les obligations qu'il avait envers l'abbé Bignon; il
est vrai qu'il continua à le louer même après son départ du *Journal des
savants*, car il dit, en 1731, dans *Le Nouvelliste du Parnasse*, que
c'était 'un de ces hommes rares que le Ciel fait naître de tems en tems
pour encourager les Lettres' (Lettre 11, vol.I, p.255). On trouvera dans
Morris, pp.73-76, un résumé succinct de cette affaire; Morris croit que
Desfontaines était bel et bien l'auteur de la satire, étant donné que la
magnanimité dont il se vante dans les 11.175-182 de *La Voltairomanie*
'entre peu dans le caractère de notre abbé', et que le style du pamphlet
est celui de Desfontaines (p.36).

ll.185-205 : Ce paragraphe répond au *Préservatif*, XIV, p.23, M., p.379,
où Voltaire veut prouver qu'on ne peut pas se fier à Desfontaines
lorsqu'il nie avoir 'écrit contre les Médecins de Paris' ('Je proteste
[...] sur ce qu'un honnête homme a de plus cher en ce monde, sur mon
honneur, que je ne suis l'Auteur d'aucun Ecrit des Chirurgiens contre les
Medécins', *Observations*, Lettre 200, 26 juillet 1738, vol.XIV, 1738,
p.166), car sa parole ne vaut rien: témoin le fait que bien qu'il ait nié
avoir écrit le pseudo-discours de l'abbé Seguy, il avait cependant été
reconnu coupable d'en être l'auteur (voir note précédente).
   Desfontaines consacre plusieurs lettres des *Observations* à la
querelle entre les médecins et les chirurgiens, par exemple la Lettre 26
(9 septembre 1735), vol.II (1735) pp.246-259): compte-rendu hostile d'un
ouvrage sur les maladies vénériennes, où il est affirmé que le traitement
en appartient aux médecins, non aux chirurgiens; la Lettre 63 (19 mai
1736), vol. V (1736), pp.57-64, et Lettre 65 (2 juin 1736), même volume,
pp.97-120: à propos d'une thèse de Maloët, Médecin ordinaire du Roi, *An
Chirurgia pars Medicinae certior?* la Lettre 73 (18 juillet 1736), même
volume, pp.311-312: revue d'une thèse de Santeul, de la Faculté de
Médecine de Paris, *Le Chirurgien est-il plus certain que le médecin?*
Tout en faisant profession de rester neutre, il laisse percer son
adhésion à la cause des chirurgiens. La *Préface* de *L'Esprit de l'abbé
Desfontaines* laisse entendre que Desfontaines écrivit, dans les
Observations, contre les médecins, 'par engagement' (p.xxii),
c'est-à-dire, contre paiement. Il avait aussi fait paraître plusieurs
pamphlets contre les médecins, par exemple le *Mémoire où l'on fait voir
en quoi peut consister la prééminence de la médecine sur la chirurgie*,
brochure de 20 pages in-4°, s.l.n.d. (attribution du catalogue des
imprimés de la B.N.). Voltaire avait donc raison de soupçonner la bonne
foi de Desfontaines quand celui-ci niait avoir favorisé les chirurgiens.
   Cette querelle entre les chirurgiens et les médecins était un sujet
à la mode, dont se plaisaient à parler les journaux de l'époque: voir par
ex. les *Réflexions sur les ouvrages de littérature*, t.I, Paris, 1738,
pp.227-234. On sait que les chirurgiens venaient de recevoir, en 1731,
la permission de fonder une Académie Royale de Chirurgie; les médecins ne
pardonnèrent pas cette atteinte à leurs droits, et la rivalité entre

médecins et chirurgiens, qui datait du moyen âge (fondation vers 1268 de la Confrérie de Saint-Côme), se réanima encore une fois, et continua pendant tout le XVIIIe siècle. De notre point de vue au XXe siècle, il est évident que la chirurgie était, au XVIIIe, 'bien en avance sur la médecine', en raison de l'utilisation importante qu'on y faisait des sciences physiologiques et physiques (voir C. d'Allaines, *Histoire de la Chirurgie* (Paris, 1967), pp.35-55). Saint Côme, mort vers 295, était le patron des chirurgiens.

ll.190-192 : Voltaire a toujours déclaré se désintéresser du produit financier de ses ouvrages; voir par exemple la lettre de 'de Molin' (c'est sans doute Voltaire lui-même ou un ami) à la *Bibliothèque française*, 26 août 1736, Best. D 1134: 'le produit de ses ouvrages [ceux de Voltaire] a été abandonné à la plupart de ses amis, & le sr Ledet qui les a imprimés [...] peut dire si jamais mr de Voltaire a exigé de lui le moindre présent [...]. Il a donné aux comédiens français qui ont représenté *Alzire*, le bénéfice des représentations'. Cette générosité est confirmée par la lettre de L. Prault à Madame de Champbonin (Best. D 1817, 24 janvier 1739); cette lettre est une réfutation des ll.190-192 de *La Voltairomanie*; il est vrai que c'est une lettre ostensible, commandée sans doute par Voltaire, qui y a fait des corrections manuscrites.

ll.206-208 : *Le Préservatif*, III, p.8, M. p.373: Voltaire cite le jugement de Desfontaines, selon lequel le Brutus de Voltaire, dans *La Mort de César*, est 'plus Quakre que Stoicien', et il se défend en demandant: 'ne diroit-on pas à ces paroles que les Quakres sont une Secte d'hommes sanguinaires? cependant tout le monde sçait, qu'une des premieres loix des Quakres est de ne porter jamais d'armes offensives [...], et de ne jamais repousser une injure'. Il est vrai que dans les *Lettres philosophiques* Voltaire s'était montré favorable à la religion des Quakers, ou plus exactement, il s'était montré favorable au déisme qu'il leur prête (lettres I-IV, éd. Lanson/Rousseau, vol.I, pp.1-60).

l.207 : La seule mention des Quakers que j'aie pu relever dans l'oeuvre de Bossuet est dans le *Troisième avertissement aux Protestants sur les lettres du ministre Jurieu, contre l'histoire des variations*, de 1689, où ils sont appelés 'les Fanatiques les plus averés' (dans *Avertissemens aux Protestans sur les lettres du ministre Jurieu contre l'Histoire des variations* = les tt.III et IV de la collection: *Histoire des variations de l'Eglise protestante*, Paris, 1730, vol.III, p.175).

ll.208-212 : *Le Préservatif*, XXVI, pp.38-40, M., p.385: ayant cité la critique que Desfontaines avait faite de l'*Alciphron* (*Observations*, Lettre 8, 7 mai 1735, vol. I, 1735, pp.179-181), Voltaire ironise: 'Ne croiroit-on pas sur cet exposé, que cet Ouvrage [...] est le produit de quelque Coquin enfermé dans un hôpital pour ses mauvaises moeurs? On sera bien surpris quand on sçaura que c'est un livre saint, rempli des plus forts arguments contre les Libertins'. Dans Best. D 924, à Thieriot (4 octobre 1735), Voltaire dit que, dans sa critique de l'*Alciphron*, Desfontaines s'est entièrement mépris sur le sens de l'ouvrage, puisqu'il 'prend les sentiments de [l'] interlocuteur [incrédule] pour les sentiments de l'auteur, et traitte hardiment Barclay d'athée'.

　　L'ouvrage dont parle Desfontaines est une traduction française du dialogue de Berkeley, *Alciphron, or the Minute Philosopher*; la première édition anglaise parut à Londres en 1732; une traduction française, par

Joncourt, intitulée *Alciphron ou le petit philosophe*, parut en 1734,
portant sur la page de titre le nom de Rollin fils, à Paris (ce sera à
cette édition que se rapporteront mes références). Desfontaines a tout à
fait raison de soutenir (11.209-212) que cette traduction n'avait pas eu
l'entrée légale en France, car voici ce qu'on lit dans le *Registre des
Livres d'Impression Etrangere presentez pour la permission de débiter,
1718 [- 1746]* (B.N., Ms. fr. 21,990): '966. Alciphron ou Le petit
Philosophe [...]. P[résenté] par Rollin fils pour debit[er]. dist.[ribué]
à M. Le Rouge. Refusé Le 24 mai 1734' (f.23ro). La rubrique de ce
Registre fait comprendre que Le Rouge était le censeur désigné par le
Garde des Sceaux: il s'agit peut-être de l'abbé Jean Baptiste Noël Le
Rouge, auteur d'un *Traité dogmatique sur les faux miracles du temps*,
1737, et qui était, selon Barbier (*Dictionnaire des ouvrages anonymes*,
vol.IV, col.791) 'docteur en Sorbonne'. Rollin a sans doute décidé de
passer outre à ce refus de permission tacite, et de distribuer
clandestinement l'ouvrage, qui sans doute avait été imprimé à l'étranger.
Il est amusant de constater que le même *Registre* nous révèle que le
Dictionnaire néologique de Desfontaines s'est également vu refuser une
permission tacite (no.1232, f. 37vo).
　　　Desfontaines reprendra sa critique de l'*Alciphron* 11.721-746.

l.213 : La *censure* de Pascal: *Lettres philosophiques*, XXV, édition
Lanson/Rousseau, vol.II, pp.185-244; l'immortalité de l'âme: ibid.,
p.171: 'A l'égard de son immortalité, il est impossible de la démontrer
puisqu'on dispute encore sur sa nature [...]. La raison humaine est si
peu capable de démontrer par elle-même l'immortalité de l'âme, que la
Religion a été obligée de nous la révéler'.

ll.215-217 : *Observations*, Lettre 200 (26 juillet 1738), vol.XIV (1738),
p.117: 'M. de Voltaire, devenu depuis peu Métaphysicien, Physicien,
Géomètre &c. vient de nous annoncer dans les *Mémoires de Trévoux* de ce
mois, qu'il a heureusement trouvé la solution du plus fameux Problême de
Géometrie qu'on ait jamais proposé'; Desfontaines donne ensuite
(pp.117-120) une citation de l'article de Voltaire (voir prochaine note),
et une critique de l'article faite par '*un des plus Sçavans
Géometres-Physiciens de l'Europe*'. C'est de cette critique que Voltaire
dit, dans *Le Préservatif*, II, p.7, M., p.373: 'l'Observateur s'est fié
[...] à un Géometre que s'est moqué de lui'. La lettre Best. D 1573, à
Pitot (4 août [1738]), nous fait savoir que Voltaire soupçonnait l'abbé
Joseph Privat de Molières d'être cet 'habile Géomètre'. Cette conjecture
est assez raisonnable, étant donné que Desfontaines parle à plusieurs
reprises, et toujours en termes élogieux, de ses *Leçons de physique* (voir
mon introduction, pp.XXXIX et L). Privat de Molières, associé de
l'Académie des Sciences, était un des derniers défenseurs des tourbillons
cartésiens; Voltaire se moquera de lui dans Best. D 2195, à Formont (1
avril [1740]). La confiance dont fait preuve Voltaire dans *Le
Préservatif*, à propos de ce problème d'optique, vient peut-être de la
lettre qu'un mathématicien (Dortous de Mairan?) lui avait écrite le 11
août pour expliquer comment, selon lui, 'cette fausse supposition de
l'abbé des Fontaines lui était venue dans la tête' (Best. D 1584).
Desfontaines reparlera de cette question de géométrie, comme il le dit
dans la note, 11.351-366.

ll.217-219 : Desfontaines vise un article de Voltaire paru dans le
'*Journal de Trévoux*', (*Mémoires pour l'histoire des sciences et des*

beaux-arts, juillet 1738, pp.1448-1470): 'Eclaircissements nécessaires
donnez par M. de Voltaire le 20 mai 1738, sur les Elémens de la
philosophie de *Newton*' (ces 'Eclaircissements' furent en même temps
insérés en tête de l'édition Prault des *Elements*, et sont imprimés dans
M.XXII, pp.266-276). La critique de Desfontaines vise ici la deuxième
remarque de ces 'Eclaircissements'; une fois de plus, il ne cite pas
exactement son adversaire, qui avait écrit: 'Placez-vous à la tête de
deux files de vingt Soldats tous d'égale grandeur, et tous à égale
distance les uns des autres, il est bien certain, que les derniers
Soldats sont vûs sous un angle vingt fois plus petit que les premiers'
(pp.1452-1453; M., p.269). A noter que dans la Lettre 200 des
Observations, p.119, Desfontaines avait cité correctement la phrase de
Voltaire concernant la file de soldats. Cette deuxième remarque de
Voltaire était suivie d'autres, dont la troisième, justement, contient un
éloge de l'*Alciphron*, suivi d'une attaque contre la critique qu'en avait
faite Desfontaines dans les *Observations* (pp.1455-1456; M., pp.270-271).

ll.219-222 : Le Préservatif, VIII, pp.14-15, M., p.376. La phrase
incriminée par Desfontaines et admirée par Voltaire est de Fontenelle;
elle est dans l'*Eloge de M. de La Hire* (*OEuvres diverses de M. de
Fontenelle ... Nouvelle édition augmentée*, Paris, 1724, vol.III, p.470):

> Dans la même année 1682, il donna un Traité de Gnomonique [...].
> Cette science n'etoit presque qu'une pratique, abandonnée le plus
> souvent à des Ouvriers peu intelligents & grossiers, dont on ne
> reconnoît point les fautes [...]. M. de la Hire éclaira la
> Gnomonique par des principes & des démonstrations, & la réduisit
> aux opérations les plus seures & les plus aisées; & pour ne pas
> trop changer son ancien état, il eut soin de faire imprimer les
> Démonstrations dans un caractere different de celui des operations,
> & par là donna aux simples Ouvriers la commodité de sauter ce qui
> ne les accommodoit pas; tant il faut que la Science ait des
> ménagements pour l'Ignorance qui est son Aînée, & qu'elle trouve
> toûjours en possession.

Dans cet article VIII du *Préservatif*, Voltaire avait cité plusieurs
morceaux des *Eloges* de Fontenelle qu'il trouve très beaux mais que
'l'Abbé des Fontaines ose essayer de tourner en ridicule'. En effet,
dans les éditions de 1726 et de 1727 du *Dictionnaire néologique* (sur ces
éditions, voir ma note aux ll.231-233), Desfontaines avait critiqué
plusieurs phrases de Fontenelle, tirées des *Eloges*, du *Traité du Bonheur*,
et des *Lettres du chevalier d'Her*. Dans l'édition de 1728, soit
Desfontaines, soit son éditeur, revient à charge en ajoutant une
demi-douzaine d'articles visant les *Eloges* (articles 'Passion', 'Pharon',
'Poignard', 'Précepteur', 'Somptueux', et 'Soupirs'); en plus, dans cette
édition de 1728, on fait suivre le *Dictionnaire néologique* par plusieurs
autres pièces, y compris une *Relation de ce qui s'est passé au sujet de
la réception de l'illustre Messire Christophle Mathanasius à l'Académie
Françoise* (pp.1-29, seconde pagination), et une *Réponse de Monsieur le
Doyen de l'Académie Françoise alors Directeur* [= Fontenelle], *au
discours que Messire Christophle Mathanasius fit à cette Académie*
(pp.30-73, seconde pagination): la *Relation* est une satire des harangues
ou discours de réception de l'Académie; la *Réponse* vise les *Eloges* de
Fontenelle, et elle contient la phrase que cite Desfontaines dans *La
Voltairomanie* (cette phrase n'est donc pas, contrairement à ce qu'affirme

Desfontaines, 11.219-220, 'dans le *Dictionnaire* Néologique' proprement dit):

>Il en coute encore plus, Monsieur, pour ne pas paroître, sçavant, que pour l'être, mais votre ame étoit d'elle même si naturellement arrangée à toutes les vertus, qu'il ne vous en à [*sic*] rien couté. L'amour propre des autres n'a jamais eû à se plaindre de votre supériorité [...]. Vous possedés si bien *l'art (c) d'être ignorant par bienseance & de (d) reparer par vos manieres le tort que vous avés d'être Poëte, Orateur, Historien, Jurisconsulte, Philosophe, Théologien, Mathematicien*, que l'on diroit que vous ne vous mettés pas au niveau des autres mais que vous y êtes; *N'est-il (e) pas juste en effet que la science ait des ménagemens pour l'ignorance qui est son aînée, & qu'elle trouve toujours en possession*[?]

>>(c) Eloge de M. l'Hospital.
>>(d) Eloge de Mr. la Faye.
>>(e) Eloge de Mr. la Hire.

>(éd. de 1728, p.34, seconde pagination).

Ni la *Relation* ni la *Réponse* ne figure dans l'édition de 1726 du *Dictionnaire néologique*; la *Relation* paraît pour la première fois dans l'édition de 1727 (pp.1-45, seconde pagination), suivie (pp.45-48) d'une très courte réponse bien plus anodine que celle qui allait paraître l'année suivante.

11.222-226 : Le Préservatif, I, pp.5-6, M., p.372: selon Voltaire, certaines scènes du *Bourreau de soi-même* (c'est-à-dire la comédie de Térence intitulée: *Heauton Timorumenos*, adaptée d'une pièce de Ménandre) sont 'd'un genre de Comique attendrissant & qui [fait] verser des larmes'. Il est vrai que les comédies de Térence se distinguent par la subtilité de l'humour et par l'intérêt que porte leur auteur aux sentiments et à la vie de famille. Mais Voltaire cherchait évidemment dans le *Préservatif* à justifier le nouveau genre, 'mélange de sérieux et de plaisanterie, de comique et de touchant' (préface de *L'Enfant prodigue*, M.III, p.443), qu'il croyait avoir réussi dans *L'Enfant prodigue*. Voir, sur la théorie dramatique de Voltaire dans ses comédies, L. Willens, *Voltaire's Comic Theatre, Studies on Voltaire*, vol.136 (1975), pp.21-47: L. Willens montre bien que Voltaire n'aimait pas le genre larmoyant (pp.31-33), mais qu'il s'était vu obligé de s'y conformer dans une certaine mesure, étant donné la popularité des pièces de La Chaussée (pp.33-34). Desfontaines détestait le genre larmoyant (voir Morris, p.170).

11.226-230 : Le Préservatif, I, p.6, M., p.372. Horace, *Art poétique*, vv.93-94: Horace y parle de la différence de style entre la comédie et la tragédie. Je cite d'après la traduction de Dacier, dans le tome X de ses *Remarques critiques sur les oeuvres d'Horace, avec une nouvelle traduction* (Paris, 1681-1689), pp.18-19: '[v.92]] Si l'on veut conserver la bienséance, chacun de ces deux sujets doit avoir son stile & ses ornemens à part. [v.93] Cela n'empesche pourtant pas que la Comedie ne hausse quelquefois le ton, & que la Tragedie ne le baisse. [v.94] Chremes en colere parle d'une manière sublime & enflée, [v.95] & un Acteur Tragique exprime souvent ses douleurs en stile bas & rampant'. Le vers

93 porte en fait: 'Interdum tamen & vocem comoedia tollit', dans
l'édition que je viens de citer.

ll.231-233 : Dans le catalogue de la Bibliothèque Nationale ne figurent
que deux éditions *s.l.* du *Dictionnaire néologique à l'usage des
beaux-esprits du siècle*, datant de 1726 et de 1727 respectivement, et
deux éditions, de 1728 et de 1731, imprimées, si l'on en croit la page de
titre, à Amsterdam. Certains critiques du XVIIIe siècle ont nié que
Desfontaines fût le auteur du *Dictionnaire néologique*; Thelma Morris
prétend que cette accusation n'est pas bien fondée (pp.187-188). Le but
de Desfontaines, dans le *Dictionnaire néologique*, est de réagir contre ce
qu'il voit comme le triomphe du mauvais goût dans le style de plusieurs
de ses contemporains, y compris Houdard de La Motte, le père Catrou,
Crébillon, l'abbé Houtteville, Fontenelle, Marivaux ... et Voltaire.
Pourtant, Voltaire ne reçoit qu'une ou deux mentions dans le *Dictionnaire
néologique*, par exemple pour la phrase 'des refus atirans' dans le poème
de la *Ligue* (*Dictionnaire néologique*, éd. de 1726, p.82; éd. de 1727,
p.115, ed. de 1728, pp.148-149); il n'y a pas davantage de critiques de
Voltaire dans l'édition hollandaise de 1728.

ll.233-235 : Allusion au *Préservatif*, X, p.18, M., p.377: 'Il
[Desfontaines] veut tourner en ridicule ces Vers de feu M. de la Motte,
sous prétexte que dans Richelet le mot de Contemporain n'est pas féminin:

> D'une estime contemporaine
> Mon coeur eût été jaloux;
> Mais hélas! elle est aussi vaine,
> Que celle qui vient après nous'.

Cette attaque de Voltaire vise non les *Observations*, mais le *Dictionnaire
néologique*, art. 'Contemporain' (éd. de 1728, pp.37-38), où Desfontaines
ironise contre La Motte: 'L'auteur des Odes nouvelles a comme
Académicien, le Privilege de mépriser les règles qui ne sont faites, que
pour les genies subalternes. [...] Il a la douce satisfaction de voir
ses ouvrages admirès dans le Caffé'. L'article 'Contemporain' ne se
trouve pas dans les éditions de 1726 et 1727 du *Dictionnaire néologique*.

ll.235-237 : Le *Préservatif*, XI, p.21, M., p.378; il s'agit d'une phrase
de l'*Oraison funèbre d'Henriette Marie de France* (1669): 'L'Angleterre a
tant changé, [depuis l'avènement de Henri VIII], qu'elle ne sçait plus
elle-même à quoi s'en tenir; & plus agitée en sa terre & dans ses ports
mêmes, que l'Ocean qui l'environne, elle se voit inondée par l'effroiable
débordement de mille Sectes bizarres' (cité d'après l'édition de Paris,
1669, p.15); Voltaire trouve à reprendre à l'expression 'agitée en sa
terre'.

ll.237-240 : Le *Préservatif*, XV, pp.23-25, M., pp.379-380: il s'agit de
la première épître du *Discours en vers sur l'homme*; les trois premières
épîtres du *Discours* avaient paru en 1738 chez Prault sous le titre
d'*Epîtres sur le bonheur*. Ces épîtres avaient été l'objet d'une revue
peu enthousiaste dans les *Observations*, Lettre 190 (4 juin 1738),
vol.XIII (1738), pp.217-234. Ce que Voltaire vise dans *Le Préservatif*,
c'est la critique qu'avait faite Desfontaines (pp.220-221 et 225) des
vers 13-16 de la première épître dans l'édition de 1738, que M. donne en
variante (IX, p.385), et du vers de la même épître: 'Tout état a ses

maux, tout homme a ses revers' (M.IX, p.382).

ll.241-244 : *Le Préservatif*, XX, pp.30-31, M., p.382: selon Voltaire, ces trois épîtres sont 'écrites dans un stile barbare, & pleines de choses communes dites longuement'; il cite comme exemple l'*Epître à Rollin*, où, dit-il, Rousseau a traduit en onze vers une 'seule ligne d'Horace'. Cette attaque contre Rousseau avait été provoquée par la Lettre 73 des *Observations* (voir ma note aux ll.21-44 de l'*Avis*).

l.244, n.(1), l.ii : Claudien (Claudius Claudianus), auteur de panégyriques et d'éloges, adressés pour la plupart à l'empereur Honorius et au général Stillicon; Stace (Publius Papinus Statius), connu surtout pour ses *Silvae* (92 apr. J.-C.), recueil de poèmes d'occasion. Ces auteurs ont une certaine réputation, mais ce ne sont certainement pas de grands poètes; l'allusion est claire: Voltaire n'est qu'un poète de cour.

ll.251-254 : *Le Préservatif*, XXX, p.45, M., p.387: 'j'avertis [...] que le même Auteur [Desfontaines] donne sous main depuis quelques tems une autre brochure intitulée, *Réflexions sur les Ouvrages de Littérature*'. Ces *Réflexions* ont paru en effet chaque semaine entre 1737 et 1741, et étaient éditées par Briasson; il n'a pas été établi que Desfontaines y ait contribué: selon le catalogue de la Bibliothèque Nationale, c'est l'abbé Granet qui est l'auteur de ces feuilles. On y trouve des analogies avec les *Observations*: les trois *Epîtres nouvelles* de Rousseau sont louées (vol.I, pp.25-49), et les oeuvres de Voltaire sont l'objet de comptes-rendus peu enthousiastes (art. sur *Le Mondain*, vol.I, pp.167-168), voire de critiques sévères (art. sur *L'Enfant prodigue*, vol.II, pp.22-24, et art. sur *La Henriade*, vol.II, pp.125-134); il y a dans le vol.II (pp.88-108) une 'Apologie de M. l'abbé D.F.', contre les critiques parues dans le '*Journal de Trévoux*' de Mars 1736; cette apologie est peut-être de Desfontaines lui-même (voir Morris, pp.371).

l.255 : Cette expression: 'Ouvrage qui a son mérite' semble servir à Desfontaines pour souligner la supériorité de son propre journal; on la retrouve dans ses remarques peu favorables sur le *Journal de Trévoux*: 'ce Journal, qui a son mérite' (*Le Nouvelliste du Parnasse*, Lettre 11, vol.I, p.258).

ll.264-265 : Le style des *Réflexions* est en effet différent de celui des *Observations*, car il n'y a guère trace du sarcasme qui est le trait le plus marquant du style de Desfontaines; par ex., vol.II, p.125: 'il y a à la tête [de la nouvelle édition de *La Henriade*] une Préface qui certainement n'est pas de cet illustre Poëte [Voltaire], puisqu'il y est accablé de Louanges'; cette phrase, le contexte le fait voir, n'a aucune résonance ironique, ce qui ne serait nullement le cas si elle était de Desfontaines.

ll.266-267 : *Le Préservatif*, XXVII, pp.41-42, M., p.386, dans la lettre de Voltaire (D 1147): '*j'eus la foiblesse de lui pardonner, & cette foiblesse m'a valu en lui un ennemi mortel qui m'a écrit des lettres anonimes, & qui a envoyé vingt Libelles en Hollande contre moi*' (cité d'après le texte du *Préservatif*). Voltaire avait fait cette accusation dans d'autres lettres, par exemple Best. D 1192, à d'Arnaud (7 [novembre 1736]).

l.277, n.(*) : La Fontaine, *Fables* I,x, 1.19.

ll.278-281 : Le *Préservatif*, XXVII, p.41, M., p.386, même lettre, Best. D 1147.

ll.285-295 : Ayant lu ces accusations, Voltaire écrivit à Thieriot, le 2 janvier 1739:

> Non seulement vous nous en avez parlé [de *La Voltairomanie*] dans votre voyage à Cirey [septembre-octobre 1738] en présence de madame la marquise du Chastelet qui l'atteste, mais en rassemblant vos lettres voicy ce que je trouve dans votre lettre du seize aoust 1726:
>
> > *Ce scélérat d'abbé Desfontaines veut toujours me brouiller avec vous, il dit que vous ne luy avez jamais parlé de moy qu'en termes outrageants. [...] Il avait fait contre vous un ouvrage satirique dans le temps de Bissetre que je luy fis jetter dans le feu et c'est luy qui a fait faire une édition du poème de la ligue, dans lequel il a inséré des vers satiriques de sa façon* (Best. D 1736).

Malheureusement, cette lettre de 1726 que cite Voltaire n'a pas été retrouvée (voir la note de M. Besterman à la lettre Best. D 300); on n'a donc pas la possibilité de prouver incontestablement la rétractation honteuse de Thieriot. J'ai discuté la question du libelle de Desfontaines, et celle de la rétractation de Thieriot, dans mon introduction, pp.XVII-XIX et XLVI-XLVII.

ll.296-300 : Voir par exemple la lettre Best. D 1665, Voltaire à Thieriot, 24 [novembre 1738], que celui-ci a sans doute montrée à Desfontaines: 'vous pouvez assurer [Desfontaines] que je n'ay d'autre part [au *Préservatif*] que d'avoir écrit il y a deux ans [à] m^r Maffey la lettre qu'on vient d'imprimer'. Voir aussi Best. D 1638, à d'Argental, 27 [octobre 1738], et mon introduction, pp.XLI-XLIII.

ll.311-315 : Le *Préservatif*, XXIV, p.35, M., p.384. Il y est question d'un compte-rendu des *Mémoires* de Feuquières, paru dans les *Observations*, Lettres 51 et 52 (25 février et 3 mars 1736), vol. IV (1736), pp.121-141 et 145-167, où on lit (p.165): 'A l'égard de la Bataille de Spire, engagée contre toutes les règles, ce ne fut selon l'auteur, que l'imprudence de l'Ennemi qui la fit perdre, jointe à la foiblesse de vûë de M. de Tallard, laquelle occasionna de sa part une heureuse méprise. C'est une circonstance assez singulière, que je sçavois il y a long-tems'. On voit que Desfontaines ne propose pas son jugement personnel de la bataille, comme le fait entendre Voltaire, mais parle, comme il le dit, 'd'après' les *Mémoires* de Feuquières (l.321); pourtant la dernière phrase de la citation laisse percer une vanité qui a peut-être irrité Voltaire. L'allusion à Feuquières dans la lettre de Madame du Châtelet à d'Argental, Best. D 1781, 15 [janvier 1739], qui a paru si obscure à Besterman (comm. 1), s'explique tout naturellement en fonction de ce paragraphe de *La Voltairomanie*.

ll.317-319 : Bientôt après la condamnation des *Lettres philosophiques*, au début de juillet 1734, Voltaire accompagna son ami le duc de Richelieu au

camp de Philippsbourg, où l'armée française assiégeait la ville de
Karlsruhe (Best. D 766 et Best. *Voltaire*, pp.184-185). Selon M.
Besterman, Voltaire y fut fêté et choyé par l'armée française.

l.322 : Le Préservatif, XXIV, pp.35-37, M., p.384. Voltaire attribue
cette lettre à 'un des meilleurs Lieutenants Generaux qu'ait eû la
France'; dans Best. D 1824 (à Thieriot, 27 [janvier 1739]) il le nomme:
c'est 'm^r Pracontal', au sujet duquel les dictionnaires de biographie
restent muets; il y dit aussi avoir fait montrer cette lettre de
Pracontal à Desfontaines en 1736, 'pour l'inciter à repentance'.
Voltaire reparle de cette lettre dans le premier mémoire contre
Desfontaines, M.XXIII, p.29, où le nom du lieutenant général s'écrit
'Précontal'.

ll.330-332 : Observations, Lettre 147 (5 octobre 1737), vol.X (1737),
pp.275-280: Desfontaines laisse entendre, sans le dire positivement, que
des 'Machines' du type qu'il a vu pourraient 'élever jusqu'à la hauteur
de 130 pieds la quantité de plus de cent mille muids par chaque jour', 'à
l'aide d'une Manivelle & des bras d'un seul homme ou de deux au plus'
(pp.276-277). Il garantit la vérité des faits qu'il vient d'avancer en
disant: 'Je me suis transporté moi-même, ainsi qu'un grand nombre de
personnes curieuses, chez M. *du Puys*, ruë Simon le Franc, & j'ai vû cette
Pompe agir. La Machine, espéce de prodige aux yeux des Machinistes
mêmes, a été admirée par le célébre M. de Varinges [...]'. Dans *Le
Préservatif*, XXIII, pp.33-35, M., pp.383-384, Voltaire, ayant tâché de
démolir la science mécanique de Desfontaines, conclut: 'on ne peut que
rire d'un Journaliste qui fait le sçavant & qui dit de telles sottises'.
Le '*Journal de Trévoux*' allait parler de cette machine (*Mémoires pour
l'histoire des sciences et des beaux arts*, juin 1738, IIe partie,
pp.1306-1338), et donner à propos de son rendement des chiffres beaucoup
plus raisonnables que ceux de Desfontaines: une seule machine du type
inventé par M. du Puy, si elle était actionnée par un ou deux chevaux,
pourrait donner 8640 muids d'eau par jour; un nombre suffisant de
machines pourrait en donner un million (pp.1325-1326).

ll.334-335 : La logique de la phrase semblerait nécessiter plutôt: 'visée
par le Sieur Voltaire'; il s'agit sans doute d'une faute d'inattention de
la part de Desfontaines, et non d'une faute d'impression.

ll.341-349 : Desfontaines a déjà parlé de cette *Remarque*, ll.215-219. Il
ne cite pas exactement son adversaire, qui avait écrit (*Le Préservatif*,
II, p.7, M., p.373): 'L'Observateur n'a point lû cet Ouvrage qu'il ose
critiquer [il s'agit des 'Eclaircissements nécessaires ... sur les
Elémens de la philosophie de Newton' (voir ma note aux ll.217-219)] car
il reproche à M. de Voltaire d'avoir donné des régles pour partager un
Angle en trois avec un compas, & c'est de quoi M. de Voltaire n'a pas dit
un seul mot dans ses Elements'. Desfontaines déforme encore une fois la
citation qu'il fait (ll.344-345) de ces 'Eclaircissements' (voir même
note). Le 'Géomètre-Physicien' est peut-être l'abbé Privat de Molières
(voir, *supra*, ma note aux ll.215-217).

l.363, n.(*) : La Bruyère, *Caractères*, ch. 'De l'homme', *in Les
Caractères de Théophraste ... avec les caractères ou les moeurs de ce
siècle*, 6e éd., Paris, 1691, p.352: 'Il [Ménalque] entre à l'appartement
[c'est-à dire au cercle, à Versailles], & passe sous un lustre où sa

perruque s'accroche & demeure suspendue; tous les Courtisans regardent et rient; Ménalque regarde aussi, & rit plus haut que les autres, il cherche des yeux dans toute l'assemblée où est celui [...]'.

ll.367-372 : *Le Préservatif*, IV, p.9, M., p.374. La citation est exacte.

ll.382-386 : Cette affirmation célèbre est tirée du *Scholium generale*, ajouté par Newton dans la deuxième édition des *Principia* (1713): voir *Isaac Newton's Philosophiae naturalis principia mathematica*, ed. Koyré et Cohen (Cambridge, 1972), vol.II, pp.759 et 764, et *The Correspondence of Sir Isaac Newton* (Cambridge, 1959-1977), vol.V, p.384. Le 'savant homme' n'a pas transcrit avec exactitude le texte de Newton, car la première phrase, telle qu'elle paraît ici, *'In hac ... inductionem'*, vient en fait après le mot *'habent'*; en plus, on remarque que Newton avait écrit: 'vocanda est; & hypotheses seu ... '. Le 'savant homme' a raison de dire que ces paroles se trouvent 'à la dernière page' des *Principia* (p.530 de l'édition de 1726, reproduite en fac-similé dans l'éd Koyré et Cohen). C'est l'édition de 1726 des *Principia* que recommande Desfontaines dans la lettre 175 des *Observations* (22 mars 1738), vol.XII (1738), p.232.

ll:387-389 : *Le Préservatif,* XXVIII, pp.42-43, M. pp.386-387: 'Dans une Traduction que ce Critique [Desfontaines] fit en François d'un Ouvrage Anglais de M. de Voltaire [l'*Essay on Epic Poetry*], il prit le mot *Kake* qui signifie gâteur [*sic*] pour le Géant *Cacus*'. La bévue se trouve dans la traduction du chapitre de l'*Essay* consacré à Virgile. Voltaire avait écrit:

> Part of the Events included in the *AEneid*, are to be found in *Dionysius Halicarnassus*. He mentions with Accuracy, the Course of the Navigations of *AEneas*. He does not omit the Fable of the *Harpies*, the Predictions uttered by *Celaeno*, the eating up of the Cakes, &c. (*An Essay upon the Civil Wars of France ... and also upon the Epick Poetry of the European Nations, from Homer down to Milton. By Mr. de Voltaire, author of the Henriade*, Londres, 1728, p.55).

La traduction de Desfontaines est:

> Une partie des évenemens contenus dans l'Eneide, sont tirés de Denis d'Halicarnasse. Il décrit exactement le cours de la Navigation d'Enée; il n'oublie ni la fable des Harpies, ni les prédictions de Célano, ni la faim dévorante de Cacus (*Essay sur la poësie épique. Traduit de l'anglois de M. de Voltaire. Par M ***. ... A Paris, chez Chaubert*, 1728, p.33).

Dès qu'il avait entendu parler du projet qu'avait Desfontaines de traduire l'*Essay on Epic Poetry*, Voltaire avait fait entendre sa désapprobabtion (Best. D 333, [2 mai 1728]); il donna d'autres exemples des méprises dans la traduction de l'abbé dans Best. D 336 [25 juin 1728], et il revint à la charge en Septembre 1736 (Best. D 1150);(voir sur cet incident mon introduction, pp.XXII-XXIII). En effet, une comparaison du texte de Voltaire et de la traduction de Desfontaines montre un assez grand nombre d'infidélités ou de bévues, de la part de l'abbé, en plus de celle que je viens de citer. Voir sur Desfontaines

traducteur le chapitre bien documenté de Morris (pp.266-345), qui ne
mentionne pourtant pas cette traduction de l'*Essay*. Il ressort de ce
chapitre que Desfontaines traduit souvent à la hâte, sans se donner la
peine de vérifier le sens des mots dans un dictionnaire, et que d'autre
part il pratique souvent l'adaptation plutôt que la traduction comme nous
l'entendons aujourd'hui. Son 'adaptation' la plus célèbre est celle de
Gulliver's Travels (1727; voir mon introduction, p.XXI-XXII).

ll.389-391 : Cette accusation a été examinée par F.D. White dans son
livre *Voltaire's Essay on Epic Poetry. A Study and an Edition* ([1915]
réimpression faite à New York, 1970). Selon White, puisque Voltaire
était tout à fait capable 'of writing for publication in English' dès la
fin de l'année 1727 (c'est-à-dire, lors de la publication de l'*Essai*);
puisqu'il réclame, dans sa correspondance et ailleurs, la paternité de
l'ouvrage; et puisque ceux qui lui ont refusé cette paternité (notamment
Desfontaines et madame de Genlis) lui étaient hostiles, il faudrait
conclure que Voltaire était 'wholly responsible for' l'*Essay on Epic
Poetry*. White admet pourtant que Voltaire a sans doute fait lire son
manuscrit par un ami anglais en vue de le faire corriger (op.cit.,
pp.19-26). A.M. Rousseau croit comme White que Voltaire a rédigé en
anglais l'essai sur la poésie épique (*L'Angleterre et Voltaire*, *Studies
on Voltaire*, vols.145-147 (1976), vol.145, pp.39-44). A l'appui des
affirmations de White et de Rousseau, on pourrait citer ce passage d'une
lettre du poète John Gay, écrite en novembre 1726: 'He [Voltaire] hath
been here about half a year, and begins to speak English very well' (in:
The Correspondence of Alexander Pope, Oxford, 1956, vol.II, p.416) ainsi
que les nombreuses lettres écrites en anglais par Voltaire pendant son
séjour en Angleterre: elles montrent, malgré quelques gallicismes et
quelques erreurs, une connaissance remarquable de la langue anglaise
(Best. D 310, D 315, etc). Contre ces jugements, et à l'appui de
l'affirmation de Desfontaines, on peut alléguer: 1° que Voltaire étant
arrivé en Angleterre en mai 1726, il n'a eu au maximum que dix-huit mois
pour apprendre la langue anglaise. Il est vrai que Voltaire, selon son
propre témoignage, s'était procuré des livres anglais pendant son second
séjour à la Bastille (17 avril-1 mai; voir Best. D 17553, à Duvernet, 13
janvier 1772); peut-être même s'était-il mis à étudier l'anglais avant
son incarcération, mais nous n'en avons aucune preuve; quoi qu'il en
soit, il ne semble guère vraisemblable qu'il ait pu pousser ses progrès
jusqu'au point où il aurait été capable, vers la fin de l'année 1727,
d'écrire sans une aide considérable un ouvrage d'histoire littéraire,
même s'il était capable de parler l'anglais passablement et d'écrire des
lettres dans la même langue; il faut noter de plus qu'au début de son
séjour, Voltaire habitait à Londres dans un milieu francophone (voir N.
Perry, 'Voltaire's View of England', *Journal of European Studies*,
vol.VII, 1977, pp.77-94); 2° que selon le témoignage de Joseph Spence,
Voltaire avait consulté le docteur Young en vue de lui faire corriger
l'essai que lui, Voltaire, venait de traduire lui-même en anglais
(*Observations, Anecdotes and Characters of Books and Men*, Oxford, 1966,
vol.I, p.344; c'est madame Perry qui m'a aimablement fourni cette
référence). On peut conclure que la question reste ouverte.

ll.391-395 : Cette traduction est attribuée à Desfontaines non seulement
par Voltaire (par ex. Best. D 336, [25 juin 1725]), mais aussi par le
Journal des savants (cité par White, ouv. cit., p.27). A remarquer que
selon Gayot de Pitaval, Desfontaines, en 1730, 'ignoroit absolument la
Langue Angloise' (*Le Faux Aristarque reconnu*, Paris, 1733, p.105), ce qui

est faux, car il avait adapté, tant bien que mal, *Gulliver's Travels*, dès 1727 (voir ma note aux lignes 387-389).

l.396 : Chaubert était également l'imprimeur des *Observations*. On conclut de cette phrase que l'imprimeur de *La Voltairomanie* était Chaubert (voir mon introduction, p.XLII). De pareilles réclames sont assez fréquentes dans les écrits journalistiques de Desfontaines. Par exemple, à la fin de son compte-rendu de la *Bibliothèque françoise*, dans *Le Nouvelliste du Parnasse*, Lettre 11, vol.I (1731), pp.256-258: 'On trouve ce Journal à Paris chez Chaubert' (Chaubert était libraire aussi bien qu'éditeur).

ll.397-398 : En fait, Voltaire ne se sert pas, dans *Le Préservatif*, du mot *ignorant* pour qualifier Desfontaines, mais à neuf reprises il emploie une expression équivalente; par exemple: 'quand on ignore les choses dont on parle' (XII, p.22, M. p.379); 'par un autre excès d'ignorance, il [Desfontaines] dit [...]' (XIX, p.29, M., p.382).

ll.406-411 : S'agit-il de son enquête auprès de Maupertuis (qui était membre de l'Académie des Sciences) à propos de la théorie newtonniene de la gravitation, en vue de l'exposé qu'il allait en donner dans la quatorzième des *Lettres philosophiques*? Il est vrai que cette enquête se faisait surtout par lettres, et qu'elle eut lieu non 'il y a un peu plus de deux ans' (c'est-à-dire en 1735-1736) mais en 1732 (Best. D 533, 534, 535, 537 et 538); Voltaire consulta de nouveau Maupertuis à propos des *Eléments* quelques semaines avant la publication de l'édition Prault (Best. D 1510, 25 [mai 1738] et Best. D 1519 [*c*. 15 juin 1738]). S'agit-il plutôt des questions concernant la catoptrique que Voltaire posa, également par lettre, à Dortous de Mairan en novembre et en décembre 1736 (Best. D 1195 et D 1215)? Celui-ci était, comme Maupertuis, membre de l'Académie des Sciences. Ou s'agit-il enfin des lettres qu'écrivit Voltaire à Henri Pitot, pour lui demander de corriger le manuscrit des *Eléments* (Best. D 1341, 20 juin [1737]; cf. Best. D 1327 et 1332, au même, 17 et 29 mai 1737, et Best. D 1371, à Moussinot, 14 [septembre 1737]), et de solliciter le privilège (Best. D 1423, Voltaire à Maupertuis [*c*. 10 janvier 1738])? Pitot, connu surtout pour sa *Théorie de la manoeuvre des vaisseaux* (1731), était entré dans l'Académie des sciences dès 1724. Voltaire le consulta également à propos d'une cheminée en marbre qu'il voulait acheter pour le château de Cirey (Best. D 1384, Voltaire à Moussinot, 4 novembre [1737]), et lui prêta sans doute de l'argent (Best. D 1341). Pitot était l'un des deux censeurs choisis pour examiner les *Eléments* (voir ma note aux ll.55-58). M. le Professeur Barber, que j'ai consulté à propos de l'identité de ce *grand géomètre*, croit qu'il s'agit probablement de Maupertuis, puisque, en 1732, Voltaire était un débutant dans la science des mathématiques, ce qui justifierait la phrase de Desfontaines selon laquelle Voltaire n'étudiait la géométrie que depuis 'huit jours' (ll.407-408); dans ce cas, l'expression 'il y a un peu plus de deux ans' (l.407) serait soit une erreur, soit une indication d'une précision volontairement fausse de la part de Desfontaines (communication personnelle de M. Barber).

l.429 : Le 21 novembre 1738, soit trois semaines avant la parution de *La Voltairomanie*, Voltaire avait 44 ans.

ll.427-428 : Lucain, *De Bello civili* (*La Pharsale*), liv. I, vers 125-126:

'César ne peut plus supporter un supérieur, Pompée un égal' (traduction
d'A. Bourgery: Lucain, *La Guerre civile*, Paris, 1967, vol.I, p.7).

ll.430-434 : On pourrait supposer, d'après ce que dit Desfontaines dans
les *Observations* (Lettre 70, 8 juillet 1736, vol.V, 1736, p.226), qu'il
était lui-même l'auteur de cette épitaphe, car, ayant nié qu'elle fût de
F. Atterbury, il ajoute: 'Dispensez-moi de donner de plus grands
éclaircissemens'. Selon Michaud, au contraire, cette épitaphe est de
Jacob Vernet. La voici, telle qu'elle est transcrite dans *Le Nouvelliste
du Parnasse*, vol.I (Paris, 1731), pp.155-156:

In Expectatione judicii
Hic jacet
Hominum PARADOXOTATUS,
Natione Gallus, Religione Romanus,
Orbis litterati portentum:
Venerandae antiquitatis cultor & destructor.
Doctè febricitans,
Somniata & inaudita commenta vigilans edidit,
Scepticum piè egit
Credulitate puer, audaciâ juvenis,
Deliriis senex.

Et voici la traduction qu'en donne Desfontaines (même référence): 'Dans
l'attente du jugement, cy gît un homme très amoureux du Paradoxe:
François de nation, Romain de Religion; prodige du monde littéraire: il
cultiva la vénérable antiquité, & voulut la détruire: il fut pendant
toute sa vie travaillé d'une docte fièvre, qui lui fit faire en pleine
veille, les rêves les plus inouïs. Pieux Sceptique; enfant par sa
crédulité, jeune homme par son audace, vieillard par ses délires'. Dans
la version qu'en donne Michaud, l'épitaphe se termine par un douzième
vers: 'Verbo dicam, hic jacet Harduinus'. Le jésuite Jean Hardouin
(1646-1729) avait l'esprit indépendant et contradicteur; c'était un
antiquaire infatigable, auquel on doit, entre bien d'autres ouvrages
d'érudition, une *Chronologiae ex nummis antiquis restitutae* (1696).

ll.436-437 : voir ll.30-32.

ll.440-453 : Je ne sais pas qui est l'auteur de cette épigramme, dirigée
évidemment contre *Le Preservatif*. Elle est peut-être de Desfontaines.

ll.454-481 : Jean-Baptiste Rousseau écrivait souvent à Desfontaines pour
lui témoigner son amitié, sans pourtant 'lui donner une entière
confiance' (Morris, p.89). Ni cette lettre 'du 14 Novembre 1738', ni les
vers qu'elle contient, ne se trouvent dans les éditions des oeuvres de
Rousseau que j'ai consultées: Bruxelles, 1743, 3 volumes in-4;
'Bruxelles, et se vend à Paris', 1743, in-12, 4 volumes (ces éditions
comprennent sa correspondance); cette lettre manque également dans les
Lettres de Rousseau sur differens sujets (Genève, 1739, 3 volumes). On
trouve bien dans les éditions de ses oeuvres d'autres vers qui pourraient
s'appliquer à Voltaire. La lettre se lit dans l'édition définitive de la
correspondance de Voltaire sous le numéro Best. D 1656; Besterman en a
établi le texte à partir de l'édition de 1738 de *La Voltairomanie*, en
rectifiant l'erreur qui y est faite à la ligne 479 ('meilleurs' au lieu
de 'meilleures').

Sur les relations de Voltaire et de J.-B. Rousseau, voir l'étude de Paul Bonnefon, 'Une inimitié littéraire au XVIIIe siècle d'après des documents inédits: Voltaire et Jean-Baptiste Rousseau', *RHLF*, 1902, pp.547-595. Desfontaines admirait beaucoup Rousseau, le 'Prince des Poètes modernes' (*Observations*, Lettre 16 (1 juillet 1735, vol.II, 1735, p.21), mais on se demande si celui-ci aurait consenti à voir sa lettre imprimée dans *La Voltairomanie*: dans une lettre à Boutet de Monthéri, datée du 29 juillet 1737, il s'était plaint ainsi: 'Je me suis mal trouvé d'avoir écrit trop librement mes pensées à mes amis; le papier perce, & il m'est revenu souvent de Paris des copies de mes lettres qui m'ont occasionné bien des chagrins' (édition de Bruxelles, 1743, in-4, vol.III, p.407).

ll.456-457 : Cette 'misérable Brochure' est *Le Préservatif*.

ll.457-458 : *Le Préservatif*, XX, p.30, M., pp.382-383: Rousseau est l'auteur 'de trois Epîtres écrites dans un stile barbare, & pleines de choses communes dites longuement'.

ll.484-485 : *Le Chef-d'oeuvre d'un inconnu, poème heureusement découvert et mis au jour, avec des Remarques savantes & recherchées, par M. le Docteur Chrisostome Matanasius* parut en 1714, et connut un succès énorme. Son auteur était, comme le dit Desfontaines, Thémiseul de Saint-Hyacinthe, qui allait faire une carrière dans le journalisme, dans la littérature et dans la critique (voir l'étude remarquable d'Elizabeth Carayol, *Thémiseul de Saint-Hyacinthe, 1684-1746*, à paraître dans les *Studies on Voltaire* en 1983. Je remercie Madmoiselle Carayol de m'avoir généreusement accordé la permission de consulter le manuscrit de son ouvrage à la Voltaire Foundation. En attendant la publication de cette étude, on pourra consulter L. Belozubov, *L'Europe savante, (1718-20)*, pp.27-44; on y trouvera une bibliographie utile, et un résumé des rapports entre Saint-Hyancinthe et Voltaire). *Le Chef-d'oeuvre d'un inconnu*, connu souvent sous le nom du *Mathanasius*, est une parodie des gloses des savants: un petit poème du genre populaire, que Mathanasius considère comme un chef-d'oeuvre, mais qui est en fait assez médiocre, y est présenté bardé d'approbations, de préfaces, et de commentaires critiques lesquels font preuve d'une érudition verbeuse utilisée sans discernement.

Desfontaines avait déjà parlé de la nouvelle édition du *Chef-d'oeuvre d'un inconnu*, et de la *Déification*, dans l'*Observateur*, mais sans faire allusion au rôle qu'y jouait Voltaire (Lettre 27, 16 septembre 1735, vol.II, 1735, pp.282-285).

ll.485-488 : Il s'agit de la 'sixième édition' du *Chef-d'oeuvre d'un inconnu*, édition 'revûe, corrigée, augmentée & diminuée, ... à La Haye, chez Pierre Husson ... M.DCCXXXII'. La *Déification du Docteur Aristarchus Masso* se trouve dans le tome II, pp.350-528. La *Déification*, qui prétend juger plusieurs ouvrages bien connus de l'Antiquité et du dix-septième siècle français, ainsi que ceux de certains auteurs contemporains de Saint-Hyacinthe (anglais, italiens, français, etc.), se présente comme une allégorie, dans laquelle ces derniers, dont la plupart sont ambitieux mais dépourvus de talents, tâchent vainement d'escalader le Parnasse, sous les yeux moqueurs de Saint-Hyacinthe et des Muses. Le morceau se termine par la 'déification' (c'est-à-dire la moquerie) de Masso, c'est-à-dire de Samuel Masson, un des auteurs d'une *Histoire*

critique de la république des lettres (1712-1718); (voir, à propos de
Masson et de son *Histoire critique*, D. Camusat, *Histoire critique des
journaux*, Amsterdam, 1734, vol.II, pp.159-165). Dans le premier épisode
de la *Déification*, pp.362-365, dont Desfontaines cite ici la plus grande
partie, c'est Voltaire qui, sous le nom du *Poëte*, se voit maltraité.

ll.488-489 : Voltaire, comme d'ailleurs la plupart des lecteurs
français, n'avait pas remarqué ou avait passé sous silence la *Déification*
lors de sa publication en Hollande en 1732; mais il prit vigoureusement
l'offensive lorsque Desfontaines cita le morceau le concernant dans *La
Voltairomanie*: il prétendit que Saint-Hyacinthe n'était pas l'auteur de
la *Déification*; mais il tâcha vainement d'obtenir de Saint-Hyacinthe un
désaveu de l'ouvrage (voir mon introduction, p.XLVIII). Dans les
Conseils à un journaliste, qui datent peut-être de février 1739 (voir mon
introduction, p.LII), Voltaire va jusqu'à prétendre que Saint-Hyacinthe
n'était pas non plus l'auteur du *Chef-d'oeuvre d'un inconnu* (M.XXII,
pp.257-258, et 'Lettre de M. de Burigny à M. l'abbé Mercier', *in* M.I,
p.470). Il n'y a aucun doute que Saint-Hyacinthe est bel et bien
l'auteur du *Chef-d'oeuvre* et de la *Déification* (voir *Journal et mémoires
de Mathieu Marais* (Paris, 1868), vol.IV, p.356; D. Camusat, *Histoire
critique des journaux*, vol.II, pp.152-154; et le chapitre 3 de l'étude
d'Elizabeth Carayol). Selon Burigny, Voltaire est allé jusqu'à dire que
Saint-Hyacinthe 'avait travaillé conjointement avec l'abbé Desfontaines,
à la *Voltairomanie*' ('Lettre', M.I, p.468). Voilà donc la prédiction de
Desfontaines à moitié accomplie.
  Il n'est pas facile de préciser les causes de l'antipathie qui
existait entre Voltaire et Saint-Hyacinthe: sans doute, comme le suggère
Elizabeth Carayol dans le chapitre 6 de son étude, elle date de l'année
1728, au cours de laquelle les deux hommes étaient en Angleterre (voir
aussi la 'Lettre de M. de Burigny', p.467). Il n'existe aucun témoignage
qui prouverait que Saint-Hyacinthe ait accordé à Desfontaines la
permission de citer un passage de la *Déification* dans *La Voltairomanie*.
Mademoiselle Carayol pense qu'il y a eu tout au plus 'quelque
complaisance tacite' de la part de Saint-Hyacinthe (communication
personnelle de Mademoiselle Carayol).

ll.494-543 : Dans le texte original de la *Déification*, on lit, 1.696, 'se
mêler' au lieu de 'se mettre', et, 11.735-736, 'puisqu'elle en inspire'
au lieu de 'puisqu'ils en inspirent'.

l.494 : Voir ma première note à la note de Desfontaines, 1.64.

ll.511-531 : Ces allusions à la prétendue lâcheté de Voltaire ne sont
guère convaincantes, étant donné les efforts qu'il fit pour se venger du
chevalier de Rohan (cf. Best. *Voltaire*, pp.114-115 et Nisard,
pp.108-109).

ll.549-571 : Ces vers ne se trouvent pas dans les éditions des oeuvres de
Rousseau que j'ai consultées (voir ma note aux 11.454-481).

ll.572-573 : Selon la légende, Lycambès, ayant fiancé sa fille au poète
Archiloque, s'opposa ensuite au mariage; le poète se vengea en écrivant
contre le père et la fille des vers dont l'effet fut de les amener au
suicide (on retrouve des échos de cette légende dans Horace, *Epîtres*,
I,xix, vv.23-25, et *Epodes*, VI, v.13).

58

ll.594-599 : *Le Préservatif*, V, p.10, M., p.374.

ll.599-601 : *Observations*, Lettre 17 (8 juillet 1735), vol.II (1735), pp.39-44); les paroles que cite Voltaire (voir note suivante) se trouvent plus précisément aux pp.43-44. Sur le fond de cette querelle entre Dacier et le marquis de Sévigné, voir ma note aux ll.618-620.

ll.602-612 : *Le Préservatif*, V, pp.10-12, M., p.374-375. La citation est exacte, si l'on entend par l'*&c.* (1.607) des points de suspension indiquant une omission.

ll.615-617 : *Le Préservatif*, V, p.10, M., p.374: 'Il rapporte le Factum [...]'.

ll.618-620 : *Dissertation critique, sur l'Art poetique d'Horace, où L'on donne une idée générale des pieces de Theatre. Et où l'on examine si un Poëte doit préferer les caracteres connus aux caracteres inventez ... A Paris, Chez Barthelemy Girin ... M. DC. XVIII.* [*sic*, pour 1698, selon le catalogue des imprimés de la Bibliothèque Nationale]. Ce recueil comporte en effet trois parties, un *Premier factum* (pp.1-38), un *Nouveau contredit* (pp.39-86), et un *Dernier contredit* (pp.87-122); chaque partie se compose d'une lettre du marquis de Sévigné (le fils de la célèbre épistolière) à l'arbitre de la querelle, le Président de Lamoignon, d'une réponse d'André Dacier au même, puis, dans le cas des deux *contredits*, de répliques de part et d'autre, ou, plus précisément, dans le *Nouveau contredit*, de réponses de Dacier aux objections du marquis de Sévigné, et dans le *Dernier contredit*, de réponses de celui-ci aux objections de Dacier. Il n'est donc pas tout-à-fait exact de parler, comme le fait Desfontaines (ll.619-620), de '*trois Factums* de Mr. de S.' et de 'deux de Mr. Dacier'. Le fait que, dans cette *Dissertation critique*, le marquis de Sévigné appelle Dacier 'le traducteur d'Horace' (p.55), fait penser que la querelle qui y est rapportée est arrivée par suite de la publication, en 1689, de la traduction par Dacier de l'*Art poétique* d'Horace, dans le Xe tome de ses *Remarques critiques sur les oeuvres d'Horace, avec une nouvelle traduction* (j'ai déjà cité cette traduction dans la note aux ll.226-230). Il est question, dans cette querelle entre Sévigné et Dacier, du sens du vers 128 de l'*Art poétique*. Je citerai la traduction de Dacier des vers 125-127 et du vers en question, que je donne en italiques:

> Que si vous osez introduire sur la scene quelque caractere nouveau, & former un nouveau Personnage, qu'il soit jusqu'à la fin tel qu'il a esté au commencement, & qu'il ne se démente point. *Mais je vous avertis qu'il est tres-mal aisé de traiter proprement & convenablement ces caractères qui sont à tout le monde, & que tout le monde peut inventer* (p.25).

Dans ses remarques sur le vers 128, Dacier soutient qu'Horace entend par *communia* 'des sujets inventés [...]. Et il les appelle *communs*, parce qu'ils sont en la disposition de tout le monde, & que tout le monde a le droit de les inventer [...]. Ceux qui ont cru qu'il appelloit icy *communia*, des choses communes & ordinaires, des caracteres connus & traités par d'autres Poëtes, se sont infiniment trompés. Ils jettent Horace dans une contradiction manifeste, puisqu'il conseille immediatement après de s'attacher aux caractères connus'. Et Dacier conclut par une remarque à propos du point de vue de ses adversaires, laquelle semble donner raison à Desfontaines au sujet des 'expressions maussades & injurieuses': 'Cette matière est assez éclaircie, il n'est pas necessaire de refuter plus au long ce sentiment qui n'a rien que d'absurde' (pp.169-170). Sévigné, dans le *Premier factum* de la *Dissertation critique*, soutient au contraire que dans le vers 128 'Horace préfere [les] Sujets connus & communs à ceux qui sont de l'Invention du Poëte: il les oppose les uns aux autres, & il decide en faveur des premiers. Pourquoi', poursuit-il, 'donner au mot, *Communia*, une signification qu'il n'a jamais euë, & qu'il ne peut jamais avoir?' (pp.5-6). La *Dissertation critique* toute entière roule sur ce point, mais le lecteur a l'impression d'assister à un dialogue de sourds.

ll.620-621 : Les deux passages de la *Dissertation critique* que Desfontaines avait cités dans les *Observations* (loc.cit., pp.41-41), et qui prouvent selon lui 'le ridicule' de l'interprétation de Dacier, sont tirés des réponses de Sévigné dans le *Dernier contredit*, et se trouvent aux pp.116-117 et 120-122. Quoi qu'en dise Desfontaines, on est en droit de voir dans ces réponses du marquis un style aussi irrespectueux que celui de l'affirmation de Dacier que Desfontaines citera aux 11.663-675, en ce que Sévigné dit à Dacier qu'il manque de sens commun.

ll.631-633 : Le jésuite Théophile Reynaud, mort en 1663, 'eut de grands démêlez avec les Jacobins, avec M. de Launoi, M. Arnaud, & avec quelques autres, contre lesquels il écrivit avec aigreur' (L.E. Dupin, *Nouvelle bibliothèque des auteurs ecclésiastiques*, tome XVIII, Amsterdam, 1711, p.63). Henri de Valois (1603-1676), commentateur et traducteur d'ouvrages ecclésiastiques, écrivit contre Launoy sur 'le 6. Canon du Concile de Nicée'; son frère, Adrien (1606-1692), historien de France, s'opposa, dans les années 1658-1660, au même Launoy à propos des anciennes basiliques de Paris (Dupin, *Nouvelle bibliothèque*, vol.XVIII, pp.103-105). Jean-Baptiste Thiers (m. en 1703), auteur de plusieurs ouvrages d'érudition et de controverse religieuse eut une dispute en 1660 avec Launoy sur l''argument négatif', c'est-à-dire sur l'autorité que l'on doit accorder aux sources historiques contemporaines des événements dont elles seraient la preuve; selon Dupin, cette dispute dura jusqu'en 1664, et la dernière réplique de Thiers 'contient quantité de faits personnels dont il se seroit bien passé de parler' (Dupin, *Nouvelle bibliothèque*, vol.XVIII, pp.273-274); Jean de Launoy, mort en 1678, était un érudit redoutable, qui 'accable' de citations ses adversaires (Dupin, *Nouvelle bibliothèque*, vol.XVIII, p.62); son attitude critique envers certaines superstitions lui valut le sobriquet de 'Dénicheur des saints' (Michaud, et Moréri, vol.IV, p.541); Jean Nicolaï, dominicain, mort en 1673, eut des controverses avec Launoy à propos du baptême et du jeûne (*Nouvelle bibliothèque*, vol. XVIII, pp.108-110).

ll.636-637 : François d'Aubignac, *Deux dissertations concernant le poème dramatique, en forme de remarques sur deux tragédies de M. Corneille intitulées 'Sophonisbe' et 'Sertorius'* (Paris 1663); *Troisième dissertation ... en forme de remarques sur la tragédie de M. Corneille intitulée 'l'Oedipe'; Quatrième dissertation ... servant de réponses aux calomnies de M. Corneille* (Paris, 1663). [Georges de Scudéry], *Observations sur le 'Cid'* (Paris, 1637).

60

ll.638-639 : Gilles Ménage: *Anti Baillet, ou critique du livre de M. Baillet intitulé 'Jugemens des savans', par M. Ménage* (La Haye, 1688). Desfontaines recommande les deux éditions de cet ouvrage publiées à Amsterdam en 1725, avec des notes de La Monnoye (*Observations*, Lettre 70, 8 juillet 1736, vol.V, 1736, p.230).

ll.639-640 : Je n'ai rien trouvé sur le père Bauchet.

ll.640-642 : *Lettres à Madame la Marquise + + + sur le sujet de 'La Princesse de Clèves'* (Paris 1678). Chacun s'accorde pour attribuer ces *Lettres* à J.-B. de Valincour (Barbier, *Dictionnaire des ouvrages anonymes,* Paris 1872-1879, vol.I, col.1218).

ll.642-643 : Le censeur de Valincour était l'abbé J.-A. Charnes, auteur des *Conversations sur la critique de la 'Princesse de Clèves'* (Paris, 1679). Voici un exemple de ces 'injures' personnelles auxquelles Desfontaines fait allusion: 'A juger du Critique [Valincour] par son ouvrage [les *Lettres à Madame la Marquise*] on ne se formera pas une idée fort avantageuse de son jugement & de son esprit' (*Conversations*, préface, p.[xi]). Ce sont plutôt les *Conversations* qui sont l'ouvrage d'un petit esprit. Voir le jugement défavorable qu'en porte Fontenelle dans son 'Eloge de M. de Valincourt' (1730), (*Eloges des Académiciens*, La Haye, 1740, t.II, p.409). François Gayot de Pitaval est l'auteur d'un ouvrage dirigé contre notre abbé, que j'ai déjà cité: *Le Faux Aristarque reconnu* (Amsterdam, 1733), (un autre exemplaire de cet ouvrage est intitulé *Critique des ouvrages de M. L. A. D. F.*), ainsi que de plusieurs livres de caractère essentiellement badin, comme *L'Art d'orner l'esprit en l'amusant* (Paris, 1738), recueil d'anecdotes et de bons mots, et les *Causes célèbres & intéressantes* (Paris, 1734-1743); Desfontaines avait déjà maltraité les tomes V à VIII de ce dernier ouvrage dans les *Observations*: Lettre 2 (12 mars 1735), vol.I (1735), pp.36-42 et Lettre 44 (7 décembre 1736), vol.VII (1736), pp.73-89.

ll.643-645 : La 'Réponse' de Villars s'intitulait *De la délicatesse* (Paris, 1671) (Barbier, *Dictionnaire des ouvrages anonymnes*, vol.I, col.872). L'abbé de Villars est mieux connu comme auteur du *Comte de Gabalis*. On peut citer, comme exemple de l''impolitesse' de Villars, ce trait dirigé contre Barbier d'Aucourt: 'Je ne le croy guere familier avec des gens de qualité, ny mesme avec des gens de bon esprit' (p.40). Les *Sentimens de Cléanthe sur les entretiens d'Ariste et d'Eugène*, de Barbier d'Aucourt, parurent à Paris en 1671; cet ouvrage est lui-même une réponse aux *Entretiens d'Ariste et d'Eugène* (1617) du père Bouhours. Desfontaines appréciait les *Sentimens de Cléanthe*: 'rien n'est si fin, ni si délicat que le stile; [...] l'ironie est ingénieuse & variée, mais quelquefois trop amère' (*Le Nouvelliste du Parnasse*, Lettre 2, vol.I, p.31), et estimait peu *De la délicatesse*, 'où tout est superficiel, & où il n'y a point de raisonnemens' (ibid., p.32). Il avait parlé de la querelle entre Barbier d'Aucourt et Bouhours occasionnée par les *Sentimens de Cléanthe* dans le *Nouvelliste du Parnasse*, Lettre 12, vol.I, p.280 et Lettre 22, vol.II, pp.122-124. Dans la première de ces deux lettres, il prétend éviter le ton *amer* de Barbier d'Aucourt.

ll.645-647 : J. Bernier, *Anti-Menagiana, où l'on cherche ces bons mots, cette morale, ces pensées judicieuses, & Tout ce que l'Affiche du Menagiana Nous a promis* (Paris, 1693), critique du célèbre *Menagiana, ou*

*bons mots, rencontres agréables, pensées judicieuses et observations
curieuses de M. Ménage* (Amsterdam, 1693). On a l'impression que Bernier
cherche plutôt à défendre la réputation de ceux qu'il estime injuriés
dans le *Menagiana* (par ex. Guez de Balzac, p.16), mais il est vrai qu'il
attaque aussi certains personnages loués dans le *Menagiana*: le poète
Charles du Périer, par exemple, qui 'n'avoit aucune étude, & vouloit
qu'on crût qu'il étoit le meilleur homme du monde parce qu'il faisoit
sans cesse le Jeremie en faveur de la Religion & du peuple, & qu'il
faisoit de grandes reverences particulierement aux riches' (pp.58-59).

ll.647-648 : Parmi plusieurs titres qu'on pourrait citer: A. Arnauld,
Lettres de M. Arnauld ... au R.P. Mallebranche (Paris, 1685); *Quatre
lettres de M. A. au P. Malebranche, de l'an 1694, sur deux de ses plus
insoutenables opinions* (Liège, 1699).

*ll.648-650 : Les Pernicieuses conséquences de la nouvelle hérésie des
jésuites contre le roy et contre l'estat, par un avocat au parlement*
(s.l., 1662, ouvrage écrit par le grand Arnauld conjointement avec
Nicole); *La Morale des jésuites extraite fidèlement de leurs livres, par
A.A., docteur en Sorbonne* (Mons 1667).

ll.654-655 : Le Préservatif, V, p.11, M., p.374: 'il le comble de [...]'.

ll.655-658 : Dissertation critique, Premier factum, pp.37-38: 'Je conclus
donc, Monsieur, à ce qu'il vous plaise débouter M. de S *** de sa
Requeste, & le condamner aux dépens. Les dépens que je demande, c'est
son amitié' (le 'Monsieur' à qui s'adresse cette conclusion est
l'arbitre: voir note suivante).

l.657 : Le nom de l'arbitre est confirmé par une note manuscrite en marge
de l'exemplaire de la B.N. de la *Dissertation critique* (Yc 6165), p.1;
selon la Lettre 17 des *Observations*, pourtant, cet arbitre était le
Président de Harlay (p.41).

ll.660-661 : Dissertation critique, Nouveau contredit, p.56: 'Mais j'ai
prouvé si fortement que *communia* signifie cela [à savoir 'des choses qui
n'ont jamais été dites ny trouvées par personne'] aussi naturellement que
Collegium signifie *College*. D'où vient que Mr de S *** n'y a pas
répondu? Est ce à lui à regler l'usage des mots Latins, & ne doit-il pas
plûtôt s'y soumettre?'. Sévigné reproduit ces paroles au *Dernier
contredit*, p.91, et y répond, pp.91-96.

ll.663-675 : Dacier veut prouver (*Dissertation critique, Nouveau
contredit*, pp.73-75) contre le marquis de Sévigné, qui avait affirmé
qu''Une chose ne peut être connue, avant que d'être', que les 'caracteres
nouveaux, & qui n'ont pas encore été inventez' existent néanmoins 'dans
les tresors de la nature', et que 'par conséquent ils sont *communs,
communia*', même s'ils n'ont pas encore été exploités par un dramaturge;
il poursuit (pp.76-77): 'Mr de S *** ne m'auroit pas fait cette
objection, s'il avoit sçu ce que Platon dit de certaines gens qu'il
oppose aux Philosophes, & qui n'ayant pas la force ... '; la citation que
fait Desfontaines du reste de la phrase est, selon la mode du XVIIIe
siècle, plutôt une paraphrase; on remarque notamment dans l'original:
l.665: 'reposer' en caractères romains; l.666: 'sur ce qui est
particulier; c'est à dire materiel & palpable'; ll.666-667: 'Ces gens-là,

dit Platon, ne vivent'; 1.670: 'qui connoissant la beauté'; 1.671:
'jamais celles-cy pour celles-là, ni celles-là pour celles-cy'. On voit
que l'allusion à Platon n'était pas amenée pour insulter gratuitement
Sévigné, mais qu'elle était appelée par le raisonnement de Dacier
concernant les nominaux. Elle n'en est pas moins de mauvais goût.

ll.678-679 : Cet endroit, par exemple, et ce n'est pas le seul, où Dacier
en vient aux *personnalités*: 'Mr de S *** tombe icy dans une erreur qui
fait bien voir qu'il a employé à d'autres études, qu'à celle de la
Philosophie, les heures vuides que laisse la Cour, & le grand loisir que
donne la Province' (*Dissertation critique, Nouveau contredit*, pp.73-74).
L'allusion aux occupations supposées de Sévigné est une réponse à
quelques paroles de celui-ci, que je cite dans la note aux ll.691-693.

ll.686-687 : Dans les *Observations* (loc.cit., p.40), Desfontaines
approuve l'interprétation de Sévigné.

ll.688-689 : 'Il est vrai qu'en traitant un sujet déja connû, il est
difficile de le manier de telle sorte qu'il semble à tout le monde que
l'Auteur l'ait tiré de son propre fond' (David de Brueys, *Paraphrase de
l'Art poétique d'Horace aux Pisons*, Paris, 1683, pp.65-67). Il est
évident que Brueys n'a pas 'adopté' le sentiment du marquis de Sévigné
puisque sa *Paraphrase* est bien antérieure à la dispute dont il est
question ici, mais le passage que je viens de citer montre qu'il
interprétait le vers 128 à peu près comme allait l'interpréter Sévigné.

ll.689-690 : Voici la traduction que donne le Père Tarteron du vers 128
de l'*Art poétique*: 'J'avoue qu'il est difficile de traitter un sujèt
commun d'une façon qui ne soit pas commune' (*Traduction des OEuvres
d'Horace par le Pere Tarteron ... Nouvelle édition revûe & corrigé*,
Paris, 1713, vol.II, p.433. Desfontaines a donc raison de dire que
Tarteron interprétait ce vers autrement que ne le faisait Dacier.
Tarteron, professeur au Collège Louis-le-Grand lors de la scolarité de
Voltaire à cette institution (1704-1711; voir Best. D 1078, J.-B.
Rousseau à la *Bibliothèque française*, 22 mai 1736), publia la première
édition de sa traduction d'Horace en 1700.

ll.691-693 : La citation n'est pas exacte. Le marquis de Sévigné dit
(*Dissertation critique, Nouveau contredit*, p.39): 'C'est assez pour un
homme, qui a passé les quinze premieres années de sa jeunesse en
qualité de Courtisan ignorant, & qui depuis est devenu Provincial,
d'avoir trouvé de fameux défenseurs de son opinion, & d'avoir partagé
tous les beaux esprits. Mr l'Abbé de la Fayette, après avoir entendu mes
raisons il y a quelques jours & s'être déclaré de mon avis, [...]': on
voit donc que Sévigné dit avoir *partagé* les beaux esprits, et ne cite
qu'un seul *partisan*. Dacier réplique, p.54: 'Les beaux esprits sont
sujets à se préoccuper & à se tromper comme les autres'.

ll.694-700 : Je n'ai pas réussi à trouver cette lettre de Valincourt, ni
dans les imprimés, ni dans les manuscrits de la B.N.

l.699 : *Suo gladio jugulari*: l'expression s'emploie ordinairement pour
désigner quelqu'un qui se condamne par ses propres paroles.

ll.700-702 : Cette insinuation, selon laquelle Voltaire ne savait pas le grec, était peut-être dictée par le désir de Desfontaines de se venger de ceux qui lui refusaient cette connaissance. Gayot de Pitaval n'avait-il pas écrit: 'à l'égard du Grec il [Desfontaines] n'en sçavoit que l'alphabet' (*Le Faux Aristarque reconnu*, p.248)? Quant à Voltaire, il est vrai qu'il ne lisait pas couramment le grec, ayant oublié les rudiments qu'il en avait appris au collège: voir Michèle Mat-Hasquin, *Voltaire et l'antiquité grecque*, *Studies on Voltaire*, vol.197 (1981), pp.54-55, 60- 61, et 78, et la lettre de Voltaire à Thieriot qu'elle cite à ce propos (p.55): 'Le Demosthene Grec est venu et je l'emporte, quoique je ne l'entende guères. J'entens Euclide plus coura^{mt} parce q^n'y a guères que des présents et des participes, et que d'aileurs le sens de la propo- sition est toujours un Dict. infaillible' (Best. D 2005, 7 mai 1739).

ll.702-703 : Desfontaines n'était pas, quoi qu'il laisse entendre ici, un adversaire résolu des 'Modernes' (voir Morris, pp.154-163).

ll.708-711 : *Le Préservatif*, X, p.20, M., p.378:

> '[... Sçavants]. Et il repete cette plainte dans tous ses livres.
> 'Il devroit sçavoir que jamais les Sciences n'ont été plus encouragées en France. Le Voyage au Pôle & à l'Equateur entrepris à de si grands frais, les Pensions données à M^r. de Reaumur, à Mr de Voltaire, à nos meilleurs Auteurs, & en dernier lieu à Mr de Crebillon en sont une preuve. Il est vrai qu'un homme qui n'a de mérite que celui de la Satyre est très-méprisé parmi nous, & est souvent puni au lieu d'être récompensé.

La lettre des *Observations* que visait Voltaire (Lettre 197, 11 juillet 1737, vol.XIV, 1738, pp.25-43) était consacrée à la revue d'un discours de J.A. Turretini: 'de Saeculo XVII. erudito, Et hodiernis Literarum periculis', prononcé le 14 mai 1704, et imprimé aux pp.81-122 d'une collection qui venait de paraître, *Joh. Alphonsi Turretini ... Orationes academicae* (Genève, 1737). Desfontaines avait résumé ainsi l'argument de Turretin: 'La principale cause de leur décadence [celle des 'Lettres'] est le peu de récompense, la disette des Mécénes, & la malheureuse situation des Sçavans; [...] le mépris & la pauvreté sont le partage des Lettres'; 'le dernier siècle fécond en Mécénes' a produit des 'découvertes philosophiques', & du 'progrès dans les autres sciences. "Mais aujourd'hui, ajoûte l'Orateur, que ces Mécénes sont rares!"' (*Observations*, loc.cit., pp.31-32). Il est piquant de constater que, moins d'un an après *Le Préservatif*, Voltaire, désillusionné par le peu d'empressement que montraient les autorités à sévir contre Desfontaines, en vient à exprimer un sentiment semblable à celui de Desfontaines: 'Encor passe si les gens qui se sont consacrez à l'étude n'étoient pas persécutez. Mais il est bien douleureux de se voir maitrisé, foulé aux pieds par des hommes sans esprit, qui ne sont pas nez assurément pour commander, et qui se trouvent dans de très belles places qu'ils déshonnorent' (Best. D 2054, à d'Argenson, 28 juillet 1739).

ll.714-716 : La citation se trouve à la page 111 des *Orationes academicae*:

> Verùm, ut in caussae arcem invadamus, cur Literae parùm excolantur, haec est non levis ratio, AUDITORES; Nimirùm praemii defectus, Maecenatum inopia, & illa quae jam pridem *bonae mentis*

est soror paupertas. Reliquae artes, vel ad dignitatem, vel ad opes, comparatae sunt: Literae ubique fermè in squallore & contemptu jacent.

ll.716-718 : Sur la pension de Voltaire, voir ma note aux ll.i-iii de la note de Desfontaines, 1.64. Voltaire avait en effet parlé de sa pension dans *Le Préservatif* (voir ma note aux 11.708-711).

ll.722-724 : *Observations*, Lettre 8 (7 mai 1735), vol.I (1735), pp.179-181. Deux exemples de cette *sévérité:* '[l'*Alciphron*] est un tissu de Sophismes libertins, forgés à plaisir pour détruire les principes les plus sûrs & les plus élevés de la Morale, de la Politique, & même de la Religion' (p.179); 'Cet Auteur ténébreux prêche par tout la liberté, qui selon lui consiste à braver l'autorité des Loix & des personnes chargées de leur exécution' (p.180). Desfontaines a déjà parlé de l'*Alciphron*, 11.208-212.

ll.729-740 : L'*Alciphron* se présente sous la forme de dialogues entre Ephranor et Dion, qui sont chrétiens, et Alciphron et Lysicles, des esprits forts, ou des *petits philosophes* (le terme est celui dont Cicéron se sert pour désigner ceux qui nient l'immortalité de l'âme). Alciphron est un athée sensualiste et matérialiste; voici une de ses affirmations, laquelle a dû paraître à Desfontaines comme un horrible blasphème: 'les Racines [c'est-à-dire, la croyance en Dieu] étant une fois arrachées, les Rejettons ne sçauroient être long-tems en vie. De ce genre sont toutes ces Notions bizarres des [*sic*] conscience, de Devoir, de Principes, & d'autres pareilles, qui remplissent la Tête d'un Homme de Scrupules & son Ame de Frayeurs' (Dial. I, éd. de Paris, 1734, vol.I, pp.30-31). A la place de 'ces Notions bizarres', Alciphron veut mettre 'les Appetits, les Passions, & les Sens', car 'ces choses sont fondées sur la nature' (ibid., p.32). On voit que l'athéisme d'Alciphron s'exprime d'une manière exagérée, pour ne pas dire ridicule. Desfontaines fait donc preuve de mauvais jugement, ou peut-être de mauvaise foi, en n'admettant pas que la faiblesse des arguments d'Alciphron dont il parle (11.737-738) était chose voulue par Berkeley, qui ne vise qu'à faire triompher Euphranor; celui-ci affirme victorieusement que 'l'Espoir des Récompenses, & la crainte des Peines, sont infiniment propres à faire pencher la Balance du côté de la Vertu, & par cela même d'une incroyable Utilité à la Société Humaine' (Dial. III, vol.I, p.174). Voilà un sentiment fait pour plaire à Volaire, qui sans doute n'approuvait pas plus que ne le faisait Desfontaines l'athéisme agressif et naïf d'Alciphron.

ll.739-740 : Voltaire écrivit l'*Epître à Uranie* en 1722, mais elle ne fut publiée qu'en 1732. Bien entendu, il ne n'avoua pas cette oeuvre d'inspiration déiste, où paraît le vers célèbre adressé à Dieu: 'Je ne suis pas chrétien; mais c'est pour t'aimer mieux' (M.IX, pp.358-364).

ll.740-742 : Je n'ai pas trouvé, dans le livre de Berkeley, de plaisanteries de ce genre, mais le naïf Criton, le cinquième personnage des dialogues, qui adopte sans réfléchir les sentiments des esprits forts, débite des idées assez ridicules (et où l'on voit clairement percer les intentions satiriques de Berkeley); par exemple, il dit que les jeunes gens de son temps apprendront bien des notions utiles 'Dans un Cercle, un caffé, une Taverne. C'est dans de pareils Endroits, que des

Hommes, qui ont reçu une Education polie, parlent librement sur toutes
sortes de Sujets, Religieux, Moraux, ou Politiques. Si bien qu'un
Gentil-Homme, qui les fréquente, est dans le bon chemin pour apprendre
plusieurs Choses instructives' (Dial. I, vol.I, p.38).

ll.742-745 : Alciphron, 'Avertissement', t.I, pp.[vi-vii]:

> l'Auteur croit, que tous ceux qui écrivent [...] contre
> la Dignité, la Liberté, & l'Immortalité de la Nature Humaine,
> peuvent avec justice être taxés de ruiner les Fondemens de la
> Morale. [...] De pareils Ennemis sont les plus dangereux que la
> Vertu puisse avoir. Au reste, si l'Appréhension d'un fameux
> Ecrivain(*), qui craignoit, que la Cause de la Vertu ne souffrit
> moins de la part de ses spirituels Antagonistes, que de celle de
> ses tendres Nourrices, très disposées à l'étouffer à force de
> Caresses, & à faire d'elle, en parlant tant de Récompenses, la
> Disposition du Monde la plus mercenaire; si, dis-je, une pareille
> Appréhension est fondée, ou non, c'est une Question dont je laisse
> la Décision au Lecteur.
>
> (*) Essay on the Freedom of Wit and Humour, Part II, Sect. III
> (note de Berkeley).

On voit bien que Berkeley ne se défie nullement 'de la solidité de ses
preuves', comme le veut Desfontaines (ll.742-742), et qu'il condamne au
contraire dans ce passage le crypto-déisme de l'auteur de l'*Essay on the
Freedom of Wit and Humour* (Shaftesbury).

ll.746-751 : Observations, Lettre 201 (2 août 1738), vol.XIV (1738),
p.138: 'Cicéron est dans son style moins serré que Senéque; & cependant
Senéque est plus *verbeux*'. *Le Préservatif*, VI, pp.12-13, M., p.375: 'Peu
importe, à la verité, au Public qu'on ait tort ou raison sur cette
bagatelle: mais les jeunes gens qui étudient seroient trompés s'ils
croyoient que Sénéque exprime sa pensée en moins de mots que Ciceron;
car, c'est ce que signifie *Verbeux*: il n'y a personne qui ne sçache que
le défaut de Seneque [*sic*] est d'être au contraire trop précis dans ses
expressions'.

ll.752-755 : Observations, Lettre 202 (9 août 1738), vol.XIV (1738),
pp.162-163: Maupertuis et ses compagnons 'ont encore profité de la
Planete de Venus, qui a paru continuellement sans se coucher pendant près
de deux mois sur l'Horizon de Kittis & de Tournea⁰ [*sic*], & qui a été
observée au Méridien au dessous du Pole & dans sa plus grande hauteur du
côté du Midi'. (Kittis, 'Montagne de la Lapponie'; Torneá, un fleuve,
ibid., p.152). *Le Préservatif*, XI, p.22, M., pp.378-379: Desfontaines
'ignore qu'une Planette n'est ni audessus ni audessous du Pôle, mais
toûjours dans le Zodiaque, & tantôt Septentrionale, tantôt Méridonale.
Il ne falloit pas changer les expressions de Mʳ. de Maupertuis, pour lui
faire dire une telle absurdité'.

ll.760-761 : Observations, Lettre 139 (24 août 1737), vol.X (1737): au
cours d'une revue de la *Génération harmonique* de Rameau (pp.73-86),
Desfontaines dit que 'l'idée ingénieuse' du compositeur, selon laquelle
l'air est 'divisé en une infinité de particules, dont chacune est capable
d'un ton particulier', 'est imitée du système de M. Newton sur la

Lumière', tel qu'il avait été interprété par Mairan (pp.76-77). *Le
Préservatif*, XXI, pp.31-32, M., p.383: Desfontaines doit 'apprendre que
jamais Newton n'a fait de systême sur la lumière, il a donné un recuëil
d'experiences & de démonstrations Mathematiques sans autre ordre que
celui dans lequel il a fait ces experiences'.

ll.764-766 : Algarotti parle en effet du 'sistema de quell'Uomo [Newton],
che dovrebbe essere alla testa del genere umano, si la forza dell'ingegno
e del sapere dovesse tra gli uomini delle superiorità e del rango
decidere' (*Il Newtonianismo per le dame, ovvero dialoghi sopra la luce e
i colori*, Naples, 1737, p.vii). Dans son compte-rendu de cet ouvrage
(*Observations*, Lettre 205, 30 août 1738, vol.XIV, pp.217-229)
Desfontaines emploie encore le terme de 'système' à propos des théories
de Newton (p.229). Desfontaines savait sans doute que Madame du Châtelet
et Voltaire aimaient beaucoup ce jeune auteur italien, et l'avaient reçu
à Cirey, mais il ne savait peut-être pas qu'ils estimaient peu son
Newtonianismo (Best. D 1606, Madame du Châtelet à Maupertuis, 1 septembre
1738).

ll.769-770 : *Observations*, Lettre 69 (30 juin 1736), vol.V (1736), p.205:
il s'agit d'une critique d'un vers de Gresset, 'Au sein des Mers, dans
une Isle enchantée': 'Le *sein* de la Mer', dit Desfontaines, 'comme le
sein de la Terre, ne peut s'entendre de sa surface. Cependant ce n'est
que sur la surface de la Mer que sont les *Isles*, L'auteur me permettra
de dire que dans ses Poësies, & surtout dans cette piéce, il lui arrive
quelquefois de négliger la justesse de l'expression'. *Le Préservatif*
XXV, p.38, M., p.385: Desfontaines 'devroit au moins sçavoir qu'en Poësie
on dit, *au sein des Mers au lieu d'au milieu des Mers*, au sein de la
France, au lieu d'au milieu de la France; *au sein des beaux Arts*, dont
on médit; au sein de la bassesse, de l'envie, de l'ignorance, de
l'avarice, &c.' Ces derniers mots sont sans doute une insulte indirecte
à Desfontaines.

ll.774-776 : Desfontaines a peut-être mal lu *Le Préservatif*, car il n'y
est pas question d'une telle 'erreur'; ce que Voltaire critiquait dans
cette phrase (que je cite d'abord d'après *Le Préservatif*) 'Une Hipocrisie
corporifiée par la grace', ce n'était pas la forme: 'corporifié', mais le
fait que la phrase où se trouvait ce mot était un exemple entre plusieurs
autres du 'galimatias plein de bassesse' qui caractérise le style de
Desfontaines (*Le Préservatif*, XXIX, pp.43-44, M., p.387). En signalant
cette phrase, Voltaire a charitablement négligé de reprendre Desfontaines
sur l'erreur orthographique (faute d'impression, selon celui-ci, 1.775)
qu'elle présentait dans les *Observations*, puisqu'il la corrige sans
commentaires en transcrivant la phrase dans *Le Préservatif*; voici en
effet ce que Desfontaines avait écrit (il s'agit d'une attaque contre les
effets moraux néfastes des écrits tels que *Le Paysan parvenu* de Marivaux)
dans la Lettre 14 des *Observations* (17 juillet 1735, vol.I, 1735, p.335):

> Que le coeur des femmes est bon! [...] Ce sont elles qui donnent
> la vogue à des Livres, où l'on tourne presque toutes leurs pensées
> du côté du plaisir grossier [...]; où leur sagesse est donnée pour
> l'effet de leur laideur, où leur piété est travestie en hypocrisie
> abominable, & corporisée [*sic*] par la grâce.

(On peut supposer que par ce langage extravagant Desfontaines a voulu

satiriser le marivaudage: évidemment, Voltaire ne l'entend pas ainsi).
La prétendue faute d'impression n'est pas, contrairement à ce que dit
Desfontaines (11.774-775), corrigée dans les *Errata* de ce volume (p.360),
ni dans celles d'aucun autre volume de la série. Mouhy avait déjà relevé
(*Le Mérite vengé*, p.279) l'expression 'corporisée par la grâce', en la
qualifiant de '*phrase* d'une *délicate inintelligibilité*'; bien qu'il eût
transcrit la 'faute d'impression' telle quelle, il n'avait pas attiré sur
elle l'attention du lecteur. Ayant écrit en 1735 le mot de *corporisé*, et
ayant fait entendre en 1738 (11.775-776) qu'il faudrait écrire
corporalisé, Desfontaines ne savait évidemment pas que la graphie
correcte est *corporifié* (Furetière ne donne bien entendu que *corporifié*).
Voltaire avait-il entièrement tort de se moquer du style de Desfontaines?
Et Desfontaines avait-il le droit de se targuer (dans une lettre de 1736
au cardinal de Fleury, citée dans Ravaisson, p.171) de son habileté de
correcteur des imprimés?

11.778-781 : Dans l'édition des *Lettres philosophiques* publiée à Basle
(= Londres) en 1734, dans celles de Desbordes publiées à Amsterdam en
1735 et en 1739, et dans l'édition Kehl, la dernière phrase du paragraphe
consacré à Prynne, dans la XXIIIe lettre, commençait ainsi: 'Monsieur
Prynn fut cité devant la Chambre étoilée, condamné à voir son beau livre,
dont le Père Le Brun [Kehl: dont Le Brun] a emprunté le sien, brûlé par
la main du bourreau [...]'. Les mots 'dont ... sien' ne figurent pas
dans l'édition de 1734 (Amsterdam = Rouen), ni dans aucune édition
publiée après celle de Desbordes de 1739, sauf Kehl (détails tirés de
l'édition Lanson/Rousseau des *Lettres philosophiques*, vol.II, p.161).
Selon Lanson, Voltaire a dû retrancher la phrase 'dont ... sien' sur les
épreuves de l'édition 1734 d'Amsterdam (= Rouen) (ibid.); Lanson ajoute:
'l'assertion relative au P. Le Brun est téméraire. Le petit volume de
ses *Discours sur la comédie* Paris, 1694, in-12, ne me paraît rien
emprunter à l'*Histrio-Mastix* [de Prynne]. Il venait d'être réimprimé en
1731: c'est ce qui a sans doute attiré l'attention de Voltaire' (ibid.,
p.168).

11.784-792 : Desfontaines exagère sûrement en prétendant que toutes les
opinions de Voltaire sont de seconde main, mais il a raison de faire
remarquer la hâte que montre celui-ci de publier ses ouvrages, avant
qu'ils ne soient dans un état définitif (comme ce fut le cas de plusieurs
de ses pièces, et du *Siècle de Louis XIV*), ou quand il sait parfaitement
bien qu'ils vont lui attirer des ennuis; comme il l'admet lui-même
précisément à propos des *Lettres philosophiques*: 'je suis comme un enfant
qui va montrer à tout le monde les hochets qu'on lui a donnés. Il serait
bien plus sage sans doute de réprimer la démangeaison d'écrire, qu'il
n'est même honorable d'écrire bien' (Best. D 637, Voltaire à Formont, 26
juillet 1733).

11.793-794 : A la fin de la XXIIIe lettre des *Lettres philosophiques*, on
lit dans l'édition d'Amsterdam (= Rouen) de 1734: 'la déclamation du
Père le Brun'; les autres éditions des années 1730 donnent 'l'impertinent
libelle du Père le Brun'; seul Kehl (1785-1789) porte 'l'impertinente
déclamation' (renseignements empruntés à l'édition Lanson/Rousseau des
Lettres philosophiques, vol.II, p.162).

1.795 : La seconde édition du *Discours sur la comédie* du P. Le Brun
(Paris, 1731) avait été publiée par les soins de l'abbé Granet, collègue

de Desfontaines aux *Observations*.

ll.799-800 : Si l'on prend le mot *fautes* dans un sens large (erreurs de fait, défauts de jugement ou de goût), on peut dire que Voltaire, dans *Le Préservatif*, en a relevé une cinquantaine environ qu'il a cru trouver dans les *Observations* et dans d'autres ouvrages de Desfontaines. Comme le dit Desfontaines, Voltaire a en effet bien examiné les *Observations* en écrivant *Le Préservatif*, mais ses remarques ne s'étendent pas jusqu'au XVe volume, qui commence avec la lettre du 1er octobre et finit avec celle du 17 septembre (cf. mon introduction, pp.XXXVII-XXXIX). Le XVe volume était prêt un peu avant la date où parut *La Voltairomanie*.

l.800 : Voir mes remarques sur Pitaval dans la note aux 11.642-643.

l.801 : Le chevalier de Mouhy était un des correspondants littéraires de Voltaire à Paris, à raison de 200 livres par an (voir Best. D 1569, 2 août 1738, Best. D 1587, 14 [août 1738], et Best. D 1593, 18 [août 1738]: toutes ces lettres sont adressées par Voltaire à Moussinot). On peut croire que Mouhy avait composé *Le Mérite vengé* (dont j'ai déjà parlé dans la note aux 11.116-117, etc.) pour plaire à Voltaire, qui y est loué (pp.161-164). Lors de l'affaire de *La Voltairomanie*, Voltaire affirmait que Mouhy était responsable de la composition du *Préservatif*; il est en tout cas probable que Mouhy a fait publier et distribuer ce libelle, et que Voltaire lui a demandé de faire publier le *Mémoire sur la satire* (voir mon introduction, pp.XLI-XLII et XLVII).

l.802, n(*), ll.i-vii :

'*Le Theriste de la Faculté* est le Médecin Procope, Frère de ce Procope qui tient un Caffé vis à vis de la Comédie Françoise. Il est vray que le Médecin Procope est un très villain Monsieur; il est tout bossu, tout contrefait & a le visage d'un singe. Il a quelque réputation d'ésprit, mais il possede un charme auquel celuy de l'ésprit même est obligé de céder, près de la plus part des Femmes. Par ce charme tout villain qu'il est il a trouvé les moyens de se fourer dans le monde, il a eû plusieurs bonnes Fortunes & est aujourduy Veuf de sa troisième femme, qui étoit une femme riche & de condition & s'il en trouvoit une Quatriéme je crois ou Dieu me pardonne que n'eût-elle que quinze ans ils [*sic*] l'enterreroit encor; en un mot c'est un des plus rudes abbateurs de Quilles. L'Abbé Des Fontaines l'apelle *double bâtard d'Apollon* parcequ'outre qu'il est Médecin il se mêle aussi de faire des vers. Il y a quelques années qu'il donna une mauvaise Pièce aux italliens & il est vrai que s'il n'étoit pas plus grand Docteur en Médecine qu'en Poësie, il mériteroit assés l'Epithète de *double bâtard d'Apollon*. Ce qui lui a vallu ce trait, ce sont quelques Lettres que ce Médecin a écrites pour ses confréres & contre les chirurgiens & où il a attaqué l'Abbé Des Fontaines qui passe pour être leur scribe & qui est fort Ami de Petit le chirurgien (Best. D 1773, Le Blanc à Bouhier, 13 janvier 1739; voir *Observations*, Lettre 198, 21 juin 1738, vol.XIII, pp.313-327, où Desfontaines imprime un éloge de Petit, mort en 1727).

En fait, ce médecin Procope (Michel Cotelli, dit Procope-Couteaux) était

non le frère mais le fils de François Procope, fondateur du café Procope.
Il avait écrit, avec Romagnesi, une comédie en trois actes, *Les Fées*, qui
fut représentée en 1736; et il est l'auteur présumé d'une *Lettre à
l'auteur des Observations* (s.l.n.d.), ainsi que d'autres ouvrages dirigés
contre les chirurgiens et contre Desfontaines.

l.802, n.(*), ll.viii-ix : Desfontaines vise Nicolas Andry de Boisregard,
qui avait, en 1738, quatre-vingts ans, et qui était depuis 1724 le Doyen
de la Faculté de Médecine. Comme Procope-Couteaux, il avait écrit contre
la chirurgie (*Cléon à Eudoxe, touchant la prééminence de la médecine sur
la chirurgie*, Paris, 1738), et s'était querellé précisément avec le
chirurgien Le Petit, dont parle Le Blanc. Il avait aussi, comme
Procope-Couteaux, des prétentions littéraires, car il avait écrit des
Réflexions sur l'usage présent de la langue françoise (Paris, 1689), et
il collaborait depuis 1710 environ au *Journal des savants* (Voltaire,
premier mémoire contre Desfontaines, M.XXIII, p.28; *Pr.E.DF.*, p.xvi).

l.802, n(*), ll.x-xv :

>   *Le Petit Cyclope* c'est Boissy. [...] L'Abé l'apelle
> *Cyclope* parce que, quoiqu'il ait deux yeux, il n'en a qu'un de bon.
> On vient d'imprimer un Receuil [*sic*] de ses Oeuvres en sept ou huit
> volumes & je ne sais trop si le libraire y trouvera son compte
> (Best. D 1773).

Les *OEuvres de Théâtre* de Louis de Boissy, en six volumes, ont paru a
Paris en 1738. Il composait des pièces de théâtre depuis plusieurs
années; la Comédie Française avait donné son *Français à Londres* (1727),
et son *Impatient* (1729), ainsi que plusieurs autres pièces; les Italiens
avaient également joué certaines de ses pièces, entre autres *La Vie est
un songe* (1732). Ainsi s'explique l'allusion aux 'deux Troupes'; ces
'Nourrices' ne lui donnaient guère à manger car, selon le mot de Roman
d'Amat, il vécut 'dans une demi-misère'.

l.802, n(*), ll.xvi-xviii :

>   L'Autheur des Oeuvres mêlées, c'est M^r L'Abbé Nadal dont on
> vient de réimprimer les Ouvrages en 3 vol. in 12, autre entreprise
> assés téméraire, si le Libraire l'a fait à ses dépens; car éxcepté
> sa Tragédie de Saul ou il y a quelques beautés, je ne connois rien
> de luy qui ait un certain mérite (Best. D 1773).

Les *OEuvres mêlées* de Nadal parurent à Paris en 1738; elles contiennent
des critiques de certaines oeuvres de Voltaire, par exemple de *Zaïre* et
de *Mariamne* (cf. Best. D 1814, Trublet à Voltaire, 22 janvier 1739).
L'hostilité de Desfontaines s'explique peut-être par des raisons
littéraires; il n'aimait pas le style de Nadal et avait critiqué à
plusieurs reprises, dans le *Dictionnaire Néologique*, son *Histoire des
Vestales* (1725). L'allusion aux 'Epiciers de Paris' doit signifier que
Nadal devait de l'argent à ses fournisseurs.
    Dans cette note au ton si amer Desfontaines laisse couler sa bile
contre des hommes en place et des auteurs connus qu'il n'osait pas
attaquer aussi ouvertement dans les *Observations*, ouvrage qui jouissait
d'un privilège. C'est le cas notamment de ce qu'il y dit de Nadal: son
compte-rendu des *OEuvres mêlées* de cet abbé (*Observations*, Lettre 225, 17

décembre 1738, vol.VX, 1738, pp.337-351), a un ton très modéré, élogieux même parfois. En un sens Nadal était un allié, puisqu'il avait critiqué des pièces de Voltaire, comme Desfontaines le souligne, pp.349-351.

l.807 : Ce 'savant italien' est Algarotti. En fait, Voltaire était aussi versé que lui en physique (voir, à ce sujet, la mise au point récente de H.T. Mason, 'Algarotti and Voltaire', *Rivista di Letterature moderne et comparate*, 1980, pp.187-200).

ll.815-816 : Le chapitre VI des *Caractères* de Théophraste, dans la traduction de La Bruyère, est intitulé: 'De l'image d'un coquin', et il commence ainsi:

> Un coquin est celuy à qui les choses les plus honteuses ne coûtent rien à dire, ou à faire; qui jure volontiers, & fait des serments en justice autant qu'on luy en demande, qui est perdu de réputation, que l'on outrage impunément, qui est un chicanneur de profession, un effronté, & qui se mêle de toutes sortes d'affaires' (*Les Caractères de Théophraste ... avec les caractères ou les moeurs de ce siècle*, éd. citée, pp.13-14).

TABLE DES MATIERES

ILLUSTRATIONS